ABC
TCF

TEST DE CONNAISSANCE DU FRANÇAIS

Bruno Mègre

Sébastien Portelli

CLE

INTERNATIONAL

TCF	TCF pour la Demande d'admission préalable	TCF pour l'accès à la nationalité française	TCF pour le Québec
Vous souhaitez évaluer vos compétences en français pour des raisons personnelles académiques ou professionnelles.	Vous êtes étudiant et vous souhaitez intégrer une licence 1 dans une université française ou une école d'architecture française.	Vous devez justifier de votre niveau de français dans le cadre d'une demande d'acquisition de la nationalité française.	Vous souhaitez vous installer durablement au Québec et vous devez faire évaluer votre niveau de français dans le cadre d'un dossier d'immigration au Bureau d'immigration du Québec.
Entraînez-vous à : **Épreuves obligatoires** • Compréhension orale p. 20 • Maîtrise des structures de la langue p. 30 • Compréhension écrite p. 42 **Épreuves facultatives** • Expression écrite p. 64 • Expression orale p. 94	**Entraînez-vous à :** **Épreuves obligatoires** • Compréhension orale p. 20 • Maîtrise des structures de la langue p. 30 • Compréhension écrite p. 42 **Épreuves facultatives** • Expression écrite DAP p. 82 • Expression orale p. 94	**Entraînez-vous à :** • Compréhension écrite p. 42 • Expression orale p. 94	**Entraînez-vous au moins à 2 compétences parmi :** • Compréhension orale p. 20 • Compréhension écrite p. 42 • Expression écrite p. 64 • Expression orale p. 94

CRÉDITS PHOTOGRAPHIQUES :

p. 21 : © shotsstudio - Fotolia.com - p. 22A : © celeste clochard - Fotolia.com - p. 22B : © Lonely - Fotolia.com - p. 22C : © 2bears - Fotolia.com – p. 22D : © Vera Kuttelvaserova - Fotolia.com - p. 23A : © Pinosub - Fotolia.com - p. 23B : © Antony McAulay - Fotolia.com - p. 23C : © olly - Fotolia.com - p. 23D : © mistermmx - Fotolia.com - p. 46 g : © chris32m - Fotolia.com - p. 46 d : © Beboy - Fotolia.com - p. 47 : © haveseen - Fotolia.com - p. 51 : © nataka - Fotolia.com - p. 52 : © Syda Productions - Fotolia.com - p. 54 : © Olivier DIRSON - Fotolia.com - p. 87 h : © Bernard GAUTIER - Fotolia.com – p. 87 b : © maxoidos - © jedi-master - Fotolia.com - p. 89 h : © Alexander Raths - Fotolia.com - p. 89 b : © Unclesam - Fotolia.com - p. 90 h : © Kzenon - Fotolia.com - p. 90 b : © Warren Goldswain - Fotolia.com - p. 91 h : © auremar - Fotolia.com - p. 91 b : © Alexandra Gl - Fotolia.com - p. 102 : © Stefan Schurr - Fotolia.com - p. 116 : © kaktus2536 - Fotolia.com

Directrice éditoriale : BÉATRICE REGO
Marketing : THIERRY LUCAS
Édition, recherche iconographique : CHRISTINE DELORMEAU
Conception couverture : MIZENPAGES
Réalisation couverture : DAGMAR STAHRINGER / GRISELDA AGNES
Conception graphique : MIZENPAGES
Mise en pages : CHRISTINE PAQUEREAU
Illustration p. 20 : CONRADO GIUSTI
Enregistrements : VINCENT BUND

© CLE International / SEJER, 2018   ISBN : 978-209-038258-7

Sommaire

Ce livre est fait pour vous aider.

Ce livre a été écrit pour vous accompagner dans votre passation du TCF. Il est construit pour répondre à vos besoins quelles que soient les raisons pour lesquelles vous souhaitez vous inscrire à une session du test. Que vous veniez en France pour y poursuivre vos études, que vous soyez un futur Français ou que vous désiriez vous installer au Québec, ce livre a été pensé pour vous.

Vous y trouverez :
- des informations essentielles à connaître avant, pendant et après une session du TCF ;
- des fiches de présentation et d'information pour chacune des déclinaisons du TCF (TCF, TCF pour le Québec, TCF pour l'accès à la nationalité française, TCF pour la demande d'admission préalable) ;
- des exercices d'entraînement par compétence (compréhension orale, compréhension écrite, structure des maîtrises de la langue, expression écrite, expression orale) ;
- des conseils spécifiques pour les épreuves d'expression écrite et d'expression orale ;
- une simulation de test (TCF blanc) qui vous permettra de renforcer votre entraînement, niveau par niveau.

Pourquoi devez-vous passer le TCF ? Par qui est-il reconnu ?

Le Test de connaissance du français (TCF) est un test qui permet d'évaluer le niveau de compétence en français des candidats de manière fiable et fidèle. Il est passé par les adultes qui ont un projet de vie particulier et qui ont besoin de prouver de manière officielle leur niveau de français auprès d'une administration.

Le TCF peut être passé dans le cadre :
- d'une demande d'admission dans un établissement d'enseignement supérieur français (université ou grande école) ;
- de démarches d'immigration permanente pour le Québec ;
- d'une demande d'acquisition de la nationalité française ;
- d'une promotion professionnelle ou de l'obtention d'un emploi.

Le TCF est donc le test officiel :
- du ministère français de l'Éducation nationale, de l'Enseignement supérieur et de la Recherche ;
- du ministère français de la Culture et de la communication ;
- du ministère français de la Santé ;
- du ministère français de l'Intérieur ;
- de l'ordre des masseurs et kinésithérapeutes ;
- de l'agence européenne de sélection du personnel (EPSO) ;
- du ministère québécois de l'Immigration, de la Diversité et de l'Inclusion (MIDI).

Le TCF peut être passé sur format papier ou sur ordinateur. Votre centre de passation vous renseignera sur le support qui vous sera proposé le jour de votre session.

Il existe plusieurs TCF. Lequel passer ?

Il existe différentes déclinaisons du TCF qui correspondent aux divers besoins des candidats :

Quel TCF pour quel projet ?	TCF	TCF pour la DAP[1]	TCF ANF[2]	TCF Québec
Études supérieures (licence 1)		✗		
Études supérieures (licences 2 ou 3, masters 1 ou 2, grandes écoles)	✗			
Immigration vers le Québec	✗			✗
Accès à la nationalité française	✗		✗	✗
Accès à l'emploi ou promotion professionnelle	✗			

---

1. TCF pour la demande d'admission préalable.
2. TCF pour l'accès à la nationalité française.

Quelles épreuves devez-vous passer ? Quelles compétences devez-vous faire évaluer ?

Le TCF évalue différentes compétences :

- la compréhension orale ;
- la maîtrise des structures de la langue (grammaire et lexique) ;
- la compréhension écrite ;
- l'expression orale ;
- l'expression écrite.

Toutefois, ces compétences ne sont pas toujours toutes exigées. Cela dépend, en effet, de la déclinaison du TCF que vous passerez et des raisons pour lesquelles vous le passerez :

Quelles épreuves devez-vous passer ?	Compréhension orale	Maîtrise des structures de la langue	Compréhension écrite	Expression écrite	Expression orale
TCF	Obligatoire	Obligatoire	Obligatoire	Facultatif ou obligatoire[3]	Facultatif ou obligatoire[4]
TCF pour la DAP	Obligatoire	Obligatoire	Obligatoire	Obligatoire	
TCF Québec	Optionnelle[5]		Optionnelle[5]	Optionnelle[5]	Optionnelle[5]
TCF ANF	Obligatoire				Obligatoire

Par qui est conçu le TCF ?

Le TCF est conçu par le Centre international d'études pédagogiques (CIEP), établissement public sous tutelle du ministère de l'Éducation nationale. Le CIEP gère également les examens de français du DELF (Diplôme d'études de langue française) et du DALF (Diplôme approfondi en langue française). Le TCF est développé selon des normes internationales de qualité, qui reposent sur des procédures scientifiques et pédagogiques qui permettent de garantir aux candidats un traitement équitable et la délivrance de résultats justes et fiables.

Les sessions ont lieu toute l'année dans près de 700 centres de passation agréés par le CIEP dans plus de 160 pays à travers le monde. Les centres sont libres d'organiser leurs sessions aux dates qu'ils choisissent. Les candidats désireux de passer le TCF doivent s'adresser au centre de passation le plus proche de chez eux pour connaître la date des sessions, la durée des épreuves et le tarif pratiqué : http://www.ciep.fr/tcf/annuaire_centres.php

Quels sont les différents niveaux du TCF ?

Le TCF est un test linéaire, c'est-à-dire qu'il est constitué de questions de niveaux de difficulté différents : ce niveau de difficulté augmente au fur et à mesure que le test se déroule. Les premières questions sont donc plus faciles que les deuxièmes et ainsi de suite. Quel que soit votre niveau de compétence ou le nombre de questions auxquelles vous répondez, vous obtiendrez une attestation de résultat.

Sur votre attestation de résultat figurera un score global (sur 699 points) ainsi qu'un des 6 niveaux de compétence du Cadre européen commun de référence pour les langues (CECRL) :

---

3. Pour le TCF, l'épreuve d'expression écrite est quelquefois facultative, d'autres fois obligatoire. Renseignez-vous auprès de votre université, de l'administration concernée ou de votre employeur.

4. Pour le TCF, l'épreuve d'expression orale est quelquefois facultative, d'autres fois obligatoire. Renseignez-vous auprès de votre université, de l'administration concernée ou de votre employeur.

5. Pour le TCF Québec, les candidats doivent choisir de 2 à 4 des compétences sur lesquelles ils veulent être évalués.

UTILISATEUR	COMPÉTENCE	NIVEAU (CECRL)
Utilisateur expérimenté	Maîtrise	C2
	Autonomie	C1
Utilisateur indépendant	Avancé ou Indépendant	B2
	Seuil	B1
Utilisateur élémentaire	Intermédiaire ou Survie	A2
	Introduction ou Découverte	A1

Un descripteur de compétence est associé à chaque niveau. Ce descripteur est une définition du niveau que vous avez atteint :

Utilisateur expérimenté	C2	Peut comprendre sans effort pratiquement tout ce qu'il/elle lit ou entend. Peut restituer faits et arguments de diverses sources écrites et orales en les résumant de façon cohérente. Peut s'exprimer spontanément, très couramment et de façon précise et peut rendre distinctes de fines nuances de sens en rapport avec des sujets complexes.
	C1	Peut comprendre une grande gamme de textes longs et exigeants, ainsi que saisir des significations implicites. Peut s'exprimer spontanément et couramment sans trop apparemment devoir chercher ses mots. Peut utiliser la langue de façon efficace et souple dans sa vie sociale, professionnelle ou académique. Peut s'exprimer sur des sujets complexes de façon claire et bien structurée et manifester son contrôle des outils d'organisation, d'articulation et de cohésion du discours.
Utilisateur indépendant	B2	Peut comprendre le contenu essentiel de sujets concrets ou abstraits dans un texte complexe, y compris une discussion technique dans sa spécialité. Peut communiquer avec un degré de spontanéité et d'aisance tel qu'une conversation avec un locuteur natif ne comportant de tension ni pour l'un ni pour l'autre. Peut s'exprimer de façon claire et détaillée sur une grande gamme de sujets, émettre un avis sur un sujet d'actualité et exposer les avantages et les inconvénients de différentes possibilités.
	B1	Peut comprendre les points essentiels quand un langage clair et standard est utilisé et s'il s'agit de choses familières dans le travail, à l'école, dans les loisirs, etc. Peut se débrouiller dans la plupart des situations rencontrées en voyage dans une région où la langue cible est parlée. Peut produire un discours simple et cohérent sur des sujets familiers et dans ses domaines d'intérêt. Peut raconter un événement, une expérience ou un rêve, décrire un espoir ou un but et exposer brièvement des raisons ou explications pour un projet ou une idée.
Utilisateur élémentaire	A2	Peut comprendre des phrases isolées et des expressions fréquemment utilisées en relation avec des domaines immédiats de priorité (par exemple, informations personnelles et familiales simples, achats, environnement proche, travail). Peut communiquer lors de tâches simples et habituelles ne demandant qu'un échange d'informations simple et direct sur des sujets familiers et habituels. Peut décrire avec des moyens simples sa formation, son environnement immédiat et évoquer des sujets qui correspondent à des besoins immédiats.
	A1	Peut comprendre et utiliser des expressions familières et quotidiennes ainsi que des énoncés très simples qui visent à satisfaire des besoins concrets. Peut se présenter ou présenter quelqu'un et poser à une personne des questions la concernant - par exemple, sur son lieu d'habitation, ses relations, ce qui lui appartient, etc. - et peut répondre au même type de questions. Peut communiquer de façon simple si l'interlocuteur parle lentement et distinctement et se montre coopératif.

Pour chacune des épreuves que vous passerez (compréhension orale et/ou écrite, maîtrise des structures de la langue), en fonction de la déclinaison du TCF que vous choisirez (TCF, TCF Québec, TCF ANF, TCF pour la DAP), un score sur 699 points et un niveau du CECRL (A1, A2, B1, B2, C1, C2) figurera sur votre attestation. Pour les épreuves d'expression orale et écrite, une note sur 20 points vous sera attribuée ainsi qu'un niveau du CECRL.

Score atteint (sur 699 points)	Niveau du CECRL
0 à 99 points	Niveau A1 non atteint
100 à 199 points	A1
200 à 299 points	A2
300 à 399 points	B1
400 à 499 points	B2
500 à 599 points	C1
600 à 699 points	C2

Quel niveau du TCF devez-vous atteindre ?

Le niveau exigé dépend de la raison pour laquelle vous passez le TCF. Le tableau suivant peut vous aider :

Projet personnel	Déclinaison du TCF	Niveau du CECR exigé	Score exigé
Je souhaite intégrer une université en France.	TCF ou TCF DAP	B1 (rarement), B2 (le plus souvent) ou C1	À partir de 300 points
Je souhaite intégrer une grande école en France.	TCF	B2 ou C1	À partir de 400 points
Je souhaite intégrer une école d'architecture en France.	TCF DAP	B2	À partir de 400 points
Je souhaite obtenir la nationalité française.	TCF ANF	B1	À partir de 300 points
Je souhaite immigrer au Québec.	TCF Québec ou TCF	B2	À partir de 400 points
Je souhaite passer le TCF pour l'agence européenne de sélection du personnel (EPSO).	TCF	B2	À partir de 400 points
Je souhaite trouver un emploi.	B2 à C2	B2 à C2	À partir de 400 points

Comment obtenir votre attestation de résultats ?

Une fois les épreuves du TCF passées, vous recevrez une attestation de résultats qui sera valable deux ans. Cette attestation vous sera directement remise par votre centre de passation. Le délai de délivrance de l'attestation est de 3 à 4 semaines après la date de passation du TCF.

Ce délai de délivrance de 3 à 4 semaines est nécessaire car les épreuves sont corrigées au CIEP, en France. Les corrections des épreuves du TCF sont centralisées pour des raisons de sécurité, de standardisation et de qualité. Une fois les épreuves corrigées, l'attestation de résultat est imprimée sur papier sécurisé en France et adressée au centre de passation avant de vous être remise.

Où pouvez-vous obtenir des informations complémentaires sur le TCF ?

Vous pouvez visiter le site Internet du CIEP, l'organisme certificateur en charge de la conception et de la distribution du TCF à travers le monde : **http://www.ciep.fr/tcf/index.php**

Les différents TCF

1 TCF tout public

1. Qu'est-ce que le TCF ?

Le TCF dans sa version générale est parfois appelé TCF tout public. Il s'adresse aux personnes ayant besoin de faire évaluer leurs compétences en langue française pour des raisons universitaires, professionnelles ou personnelles.

2. Pour quelles raisons dois-je passer le TCF ? Et quel niveau dois-je obtenir ?

En fonction des raisons pour lesquelles vous allez passer le TCF, l'obtention d'un niveau minimum peut être exigée. Nous listons quelques exemples :

Exemples d'institutions qui exigent le TCF	Niveau minimum demandé
Universités françaises	À partir du niveau B1 mais le niveau B2 est le plus souvent demandé (dans plus de 80 % des cas). Certaines universités, pour certaines filières, demandent le niveau C1. Il est important de contacter l'université où vous souhaitez être accueilli pour connaître avec certitude le niveau minimal exigé et les épreuves demandées. Nous vous invitons également à vérifier le site Internet de votre université d'accueil.
Grandes écoles (INSA, Polytechnique…)	À partir du niveau B2 mais certains établissements demandent le niveau C1. Il est important de contacter l'école où vous souhaitez être accueilli pour connaître avec certitude le niveau minimal exigé et les épreuves demandées. Nous vous invitons également à vérifier le site Internet de votre école d'accueil.
Sciences Po Paris	C1
Commission européenne (Agence de sélection du personnel – EPSO)	B2
Ordre des masseurs et kinésithérapeutes	B2

3. Est-ce que je peux être dispensé du TCF ?

Vous pouvez, dans certains cas, être dispensé du TCF si vous êtes titulaire du DELF B2, du DALF C1 ou du DALF C2. Il est important que vous contactiez votre établissement d'accueil car les raisons de passer un TCF sont très variées.

Il est important que vous contactiez votre établissement d'accueil pour savoir si vous devez ou non passer les épreuves d'expression écrite et/ou orale. Quelquefois, seules les épreuves de compréhension et de maîtrise des structures de la langue sont exigées. C'est à vous de vérifier cette information en fonction de votre situation personnelle.

4. De quelles épreuves est composé le TCF ?

Le TCF est constitué d'une épreuve obligatoire de QCM (questionnaire à choix multiples) et de deux épreuves facultatives :

Épreuves obligatoires
Compréhension orale (29 items) Maîtrise des structures de la langue (18 items) Compréhension écrite (29 items) 76 items de type QCM[6] Durée : environ 90 minutes

Épreuves facultatives	
Expression orale 3 tâches Durée : environ 12 minutes	Expression écrite 3 tâches Durée : environ 60 minutes

L'épreuve obligatoire de QCM est une épreuve collective durant laquelle le candidat est soumis de manière successive aux trois parties : compréhension orale, maîtrise des structures de langue et compréhension écrite.

La partie compréhension orale dure environ 25 minutes. Le candidat écoute une série de 29 enregistrements de longueurs et de difficultés croissantes. Pour chaque extrait, une question et 4 choix de réponses sont proposés. Le candidat coche la réponse choisie sur la feuille de réponse. Il n'existe qu'une seule bonne réponse pour chaque question. Il n'existe pas de pondération négative au TCF : une bonne réponse rapporte un certain nombre de points (votre score est calculé en fonction de la difficulté de la question et du niveau), une case non cochée ou une mauvaise réponse ne rapporte donc aucun point.

Le candidat a ensuite 65 minutes pour gérer les deux autres parties :
- La partie maîtrise des structures de la langue (grammaire et lexique) est composée de 18 items de difficulté croissante. Pour chaque item, un choix de 4 réponses est proposé. Le candidat coche la réponse choisie sur la feuille de réponse. Il n'existe qu'une seule bonne réponse pour chaque question. Il est recommandé de consacrer environ 15 minutes à cette partie du test.
- La partie compréhension écrite est composée de 29 items de difficulté croissante. Le candidat lit une série de 29 documents écrits (extrait d'articles de presse, de blogs...). Pour chaque document écrit, un choix de 4 réponses est proposé. Le candidat coche la réponse choisie sur la feuille de réponse. Il n'existe qu'une seule bonne réponse pour chaque question.

L'épreuve facultative d'expression orale consiste en un entretien individuel, en face à face avec un examinateur. Le rôle de l'examinateur est de conduire l'entretien et de proposer au candidat une série de 3 tâches de durée et de difficulté croissantes. L'entretien est évalué une première fois par l'examinateur immédiatemment après la passation. Il est également enregistré dans sa totalité afin de procéder à une deuxième correction systématique.

L'épreuve facultative d'expression écrite est composée de 3 tâches et dure 60 minutes. Le candidat est amené à faire preuve de ses capacités dans cette compétence au travers des 3 tâches de longueur et de difficulté croissantes. Les productions sont corrigées deux fois par les correcteurs habilités du TCF au CIEP.

L'ensemble des épreuves du TCF est également disponible sur ordinateur (TCF SO).

---

6. Dans la version sur ordinateur de cette épreuve de QCM du TCF tout public, le nombre d'items est plus important (91 au total). Les 15 items supplémentaires permettent au CIEP de mener des études sur le fonctionnement du test. Ils ne sont pas pris en compte dans le calcul du score du candidat.

5. Je veux m'entraîner au TCF. Quelles sont les parties de ce livre que je dois consulter ?

Pour vous entraîner au TCF, vous devez consulter les pages suivantes :

Épreuves	Pages
Compréhension orale	page 20 à page 29
Maîtrise des structures de la langue	page 30 à page 41
Compréhension écrite	page 42 à page 63
Expression écrite	page 64 à page 81
Expression orale	page 94 à page 101
Simulation du test	page 102 à page 128

2 TCF pour la demande d'admission préalable (TCF pour la DAP)

1. Qu'est-ce que le TCF pour la demande d'admission préalable (TCF pour la DAP) ?

Le TCF pour la demande d'admission préalable (TCF pour la DAP) est la version du test destinée aux étudiants qui souhaitent poursuivre leurs études supérieures dans une université française en première année de licence (L1) ou dans une école d'architecture française.

2. Est-ce que je peux être dispensé du TCF pour la DAP ?

La passation du TCF pour la DAP s'inscrit dans une procédure spécifique qui ne concerne pas les ressortissants des pays de l'Union européenne ou ceux de pays dont le français est la langue exclusive. D'autres cas de dispense existent. Pour plus d'informations sur ces cas de dispense, nous vous invitons à visiter le site du Centre international d'études pédagogiques (CIEP) : **www.ciep.tcf/tcfdap**

Attention, toutefois : les ressortissants des pays de l'Union européenne ne sont pas concernés par la demande d'admission préalable mais ils ne sont pas dispensés de test linguistique. L'attestation d'un TCF, d'un diplôme du DELF (diplôme d'études de langue française) ou du DALF (diplôme approfondi en langue française) leur sont généralement exigés. Il appartient aux étudiants dispensés de TCF pour la DAP de se renseigner auprès de leur établissement d'accueil.

Quelle que soit votre nationalité, si vous êtes titulaire du DELF B2, du DALF ou d'un baccalauréat français, vous êtes dispensé de passation du TCF pour la DAP. Enfin, si vous êtes titulaire d'une attestation du TEF (Test d'évaluation du français) accompagnée d'une note minimale de 14/20 à l'épreuve d'expression écrite), vous n'êtes pas tenu de passer le TCF pour la DAP.

3. Quel niveau de français dois-je obtenir au TCF pour la DAP pour déposer une demande d'admission en licence ?

Il est communément admis que les universités françaises exigent majoritairement le niveau B2 du Cadre européen commun de référence pour les langues (CECR) pour l'admission des étudiants étrangers. Cependant, elles restent souveraines en la matière, et le niveau minimum requis peut différer en fonction de la filière visée. Les écoles d'architecture exigent, quant à elles, au moins un niveau B2.

4. De quelles épreuves est composé le TCF pour la DAP ?

Le TCF pour la DAP a pour objectif l'évaluation des compétences linguistiques du candidat en compréhension et en expression écrite, en compréhension orale et en maîtrise des structures de la langue. De ce fait, cette déclinaison du test est composée de 4 épreuves obligatoires d'une durée totale de 3 heures :

TCF pour la Demande d'admission préalable	
Compréhension orale (29 items) Maîtrise des structures de la langue (18 items) Compréhension écrite (29 items) 76 items de type QCM Durée : environ 90 minutes	Expression écrite 2 exercices : – Analyse d'un document iconographique (200 mots) – Argumentation (300 mots) Durée : 90 minutes
Durée totale du test : 3 heures	

L'épreuve de QCM se déroule dans des conditions identiques à celles du TCF dit « tout public ». Il s'agit d'une épreuve collective durant laquelle le candidat est soumis de manière successive aux trois parties : compréhension orale, maîtrise des structures de la langue et compréhension écrite.

La partie compréhension orale dure environ 25 minutes. Le candidat écoute une série de 29 enregistrements de longueurs et de difficultés croissantes. Pour chaque extrait, une question et 4 choix de réponses sont proposés. Le candidat coche la réponse choisie sur la feuille de réponse. Il n'existe qu'une seule bonne réponse pour chaque question.
Il n'existe pas de pondération négative au TCF : une bonne réponse rapporte un certain nombre de points (calculé en fonction de la difficulté de la question et du niveau), une case non cochée ou une mauvaise réponse ne rapporte aucun point.

Le candidat a ensuite 65 minutes pour gérer les deux autres parties :

- La partie maîtrise des structures de la langue (grammaire et syntaxe) est composée de 18 items de difficulté croissante. Pour chaque item, un choix de 4 réponses est proposé. Le candidat coche la réponse choisie sur la feuille de réponse. Il n'existe qu'une seule bonne réponse pour chaque question.

- La partie compréhension écrite est composée de 29 items de difficulté croissante. Le candidat lit une série de 29 documents écrits (extraits d'articles de presse, de blogs...). Pour chaque document écrit, un choix de 4 réponses est proposé. Le candidat coche la réponse choisie sur la feuille de réponse. Il n'existe qu'une seule bonne réponse pour chaque question.

L'épreuve d'expression écrite spécifique à la DAP est composée de 2 exercices et dure 90 minutes. Il s'agit d'exercices de type universitaire. Les productions sont corrigées deux fois par les correcteurs habilités du TCF au CIEP.
L'ensemble des épreuves du TCF pour la DAP est également disponible sur ordinateur (TCF SO).

5. Je veux m'entraîner au TCF pour la DAP. Quelles sont les parties de ce livre que je dois consulter ?
Pour vous entraîner au TCF, vous devez consulter les pages suivantes :

Épreuves	Pages
Compréhension orale	page 20 à page 29
Maîtrise des structures de la langue	page 30 à page 41
Compréhension écrite	page 42 à page 63
Expression écrite spécifique	page 82 à page 93
Simulation de la 1re partie du TCF pour la DAP (compréhension orale, maîtrise des structures de la langue, compréhension écrite)	page 102 à page 128

3 TCF pour le Québec

1. Qu'est-ce que le TCF pour le Québec (TCF Québec) ?
Le TCF pour le Québec (TCF Québec) est la version du test qui permet de faire une demande de Certificat de sélection du Québec (CSQ) dans le cadre d'une demande de résidence permanente dans la province de Québec au Canada en tant que travailleur qualifié (pour plus de renseignements, nous vous invitons à consulter le site Internet du ministère québécois de l'Immigration, de la Diversité et de l'Inclusion (MIDI : http://www.immigration-quebec.gouv.qc.ca/fr/index.php).

2. Est-ce que je peux être dispensé du TCF pour le Québec ?
L'évaluation linguistique dans le cadre de cette démarche est obligatoire pour tous les demandeurs, y compris les Français et les francophones. À ce jour, le ministère québécois de l'Immigration, de la Diversité et de l'Inclusion (MIDI) reconnaît comme cas de dispense uniquement les diplômes du DELF (B2) et DALF (C1 et C2).

3. Quel niveau de français dois-je obtenir au TCF pour le Québec pour déposer une demande d'immigration ?

Les résultats à l'évaluation linguistique permettent au demandeur d'obtenir un certain nombre de points qui, en fonction des autres éléments du dossier (parcours scolaire, expérience professionnelle, profession visée au Québec...), permettront au demandeur d'obtenir le CSQ. Dans le cadre d'une demande double (le demandeur principal et son conjoint), les deux candidats doivent passer les épreuves du TCF Québec.

Depuis le 1er août 2013, le niveau minimum exigé par le MICC est B2. Seuls les candidats ayant au moins obtenu ce niveau à chacune des épreuves se verront attribuer des points pour l'évaluation linguistique (au maximum 16) répartis de la manière suivante :

Compréhension orale		Expression orale	
A1	0 point	A1	0 point
A2	0 point	A2	0 point
B1	0 point	B1	0 point
B2	5 points	B2	5 points
C1	6 points	C1	6 points
C2	7 points	C2	7 points

Les candidats pourront, s'ils le souhaitent, compléter leur évaluation avec la passation des épreuves écrites (compréhension écrite et expression écrite) afin d'obtenir un bonus de 1 à 2 points en fonction de leurs résultats :

Compréhension écrite		Expression écrite	
A1 à B1	0 point	A1 à B1	0 point
B2 à C2	1 point	B2 à C2	1 point

4. De quelles épreuves est composé le TCF pour le Québec ?

Le TCF pour le Québec est un test entièrement modulaire. Le candidat est libre de composer son test en choisissant les compétences sur lesquelles il souhaite être évalué. Afin d'obtenir un maximum de points, il est fortement recommandé de choisir en priorité les épreuves orales (expression et compréhension) qui peuvent rapporter jusqu'à 14 points sur 16 au total. Les candidats qui estiment avoir un niveau avancé à l'écrit pourront décider de passer la totalité des épreuves.

TCF pour le Québec	
Compréhension orale 29 items de type QCM Durée : environ 25 minutes	**Expression orale** 3 tâches Durée : environ 12 minutes
Compréhension écrite 29 items de type QCM Durée : environ 45 minutes	**Expression écrite** 3 tâches Durée : 60 minutes
Durée totale : 2 h 22	

Les épreuves de compréhension sont collectives. Pour la compréhension orale, le candidat écoute une série de 29 extraits sonores de longueurs et de difficultés croissantes. Pour chaque extrait, une question et 4 choix de réponses sont proposées. Le candidat coche la réponse choisie sur la feuille de réponse. Pour la compréhension écrite, le principe est identique : le candidat lit une série de 29 documents écrits (extraits d'articles de presse, de blogs...). Pour chaque document écrit, une question et 4 choix de réponses sont proposés. Le candidat coche la réponse choisie sur la feuille de réponse. Attention, il n'existe qu'une seule bonne réponse pour chaque question. Il n'existe pas de pondération négative au TCF : une bonne réponse rapporte un certain nombre de points (calculé en fonction de la difficulté de la question et du niveau), une case non cochée ou une mauvaise réponse ne rapporte aucun point.

L'épreuve d'expression orale est identique à celle du TCF « tout public ». Il s'agit d'un entretien individuel, en face à face avec un examinateur. Le rôle de l'examinateur est de conduire l'entretien et de proposer au candidat une série de 3 tâches de durée et de difficulté croissantes. L'entretien est enregistré dans sa totalité afin de permettre de procéder à la correction de la production du candidat.
L'épreuve d'expression écrite est identique à celle du TCF « tout public ». Elle est composée de 3 tâches et dure 60 minutes. Le candidat est amené à faire preuve de ses capacités dans cette compétence au travers des tâches de longueur et de difficulté croissantes. Les productions sont corrigées deux fois par les correcteurs habilités du TCF au CIEP.
L'ensemble des épreuves du TCF pour le Québec sont également disponibles sur ordinateur (TCF SO).

5. Je veux m'entraîner au TCF pour le Québec. Quelles sont les parties de ce livre que je dois consulter ?

Pour vous entraîner au TCF, vous devez consulter les pages suivantes :

Épreuves	Pages
Compréhension orale	page 20 à page 29
Compréhension écrite	page 42 à page 63
Expression écrite	page 64 à page 81
Expression orale	page 94 à page 101
Simulation du test (compréhensions orale et écrite)	page 102 à page 109 et page 115 à page 128

4 TCF pour l'accès à la nationalité française (TCF ANF)

1. Qu'est-ce que le TCF pour l'accès à la nationalité française (TCF ANF) ?

Le TCF pour l'accès à la nationalité française (TCF ANF) est la version du test qui permet, depuis le 1er janvier 2012, de déposer une demande officielle de naturalisation par décret ou par mariage auprès des services de préfecture pour la France ou des services consulaires pour l'étranger.

2. Est-ce que je peux être dispensé du TCF ANF ?

L'évaluation linguistique dans le cadre de cette démarche est obligatoire pour tous les requérants, y compris les ressortissants de pays francophones. À ce jour, le ministère de l'Intérieur ne reconnaît comme cas de dispense uniquement les diplômes de l'Éducation nationale française de niveau V minimum. La liste des diplômes permettant d'accéder à cette dispense peut être consultée sur le site Legifrance.gouv.fr (circulaire du 30 novembre 2011 relative au niveau de connaissance de la langue française requis des postulants à la nationalité française)

Certaines personnes peuvent être dispensées des épreuves du TCF ANF. Il s'agit des personnes :
- ayant suivi des études en français dans un pays francophone ;
- souffrant d'un handicap ou d'un état de santé déficient chronique ;
- âgées de plus de soixante ans ;
- ne sachant ni lire ni écrire ;
- ayant produit une attestation de niveau de langue inférieur au niveau B1.
Ces personnes doivent se rapprocher des services de préfecture. Elles pourront bénéficier d'un entretien individuel organisé par un agent préfectoral. Seuls les services de préfecture sont à même d'évaluer ces cas particuliers. Les centres d'examen du TCF ne peuvent en aucun cas statuer sur ces cas de dispenses.

> Le ministère de l'Intérieur reconnaît l'attestation du TCF pour le Québec avec les épreuves de compréhension et d'expression orales dans le cadre de la demande d'accès à la nationalité française.

3. Quel niveau de français dois-je obtenir au TCF ANF pour déposer une demande de naturalisation française ?

Le décret relatif à l'acquisition de la nationalité française stipule que les candidats doivent obtenir au minimum le niveau B1 du Cadre européen de référence pour les langues (CECR) dans les deux compé-tences évaluées : la compréhension de l'oral et l'expression orale. Pour le TCF, cela correspond à l'obtention d'au moins 300 points en compréhension et une note comprise entre 6 et 9 en expression orale.

4. De quelles épreuves est composé le TCF ANF ?

Le TCF ANF est constitué de deux épreuves insécables et obligatoires :

TCF pour l'accès à la nationalité française	
Compréhension orale 29 items de type QCM Durée : environ 25 minutes	**Expression orale** 3 tâches Durée : environ 12 minutes

L'épreuve de compréhension est une épreuve collective durant laquelle le candidat écoute une série de 29 enregistrements de longueurs et de difficultés croissantes. Pour chaque extrait, une question et 4 choix de réponses sont proposés. Le candidat coche la réponse choisie sur la feuille de réponse. Il n'existe qu'une seule bonne réponse pour chaque question. Il n'existe pas de pondération négative au TCF : une bonne réponse rapporte un certain nombre de points (votre score est calculé en fonction de la difficulté de la question et du niveau), une case non cochée ou une mauvaise réponse ne rapporte aucun point. Cette épreuve est également disponible sur ordinateur (TCF SO).

L'épreuve d'expression orale est un entretien individuel avec un examinateur. Le rôle de l'examinateur est de conduire l'entretien et de proposer au candidat une série de 3 tâches de niveau de difficulté croissant. L'entretien est évalué une première fois par l'examinateur immédiatement après la passation. Il est également enregistré dans sa totalité afin de procéder à une deuxième correction systématique.

5. Je veux m'entraîner au TCF ANF. Quelles sont les parties de ce livre que je dois consulter ?

Pour vous entraîner au TCF ANF, vous devez consulter les pages suivantes :

Épreuves	Pages
Compréhension orale	page 20 à page 29
Expression orale	page 94 à page 101
Simulation du test (compréhension orale)	page 102 à page 109

Les supports de passation

Comme pour tous les grands tests de langues, il est possible de passer le TCF dans son format papier ou dans sa version informatique (SO). La passation sur l'un ou l'autre des supports dépendra du centre dans lequel vous vous serez inscrit car tous ne sont pas équipés de l'application informatique du TCF sur ordinateur. Toutes les déclinaisons du TCF sont disponibles sur le TCF SO.

1 TCF version papier

Pour ce type de support, le candidat au TCF n'aura besoin de rien d'autre qu'un stylo à bille noir. Le reste du matériel est fourni par le centre d'examen. Pour les épreuves de QCM (questionnaire à choix multiples), le candidat se verra remettre, au moment de la passation, un livret contenant les 76 items (questions) de compréhension (29 pour le TCF pour l'accès à la nationalité française – TCF ANF – et le TCF pour le Québec, hors épreuve optionnelle de compréhension écrite : 29 questions supplémentaires). Les consignes générales et spécifiques à chaque épreuve sont mentionnées dans le livret. Les choix de réponses y sont également proposés. Le candidat n'écrit pas sur le livret. Une feuille de réponses nominative, fournie par le centre, lui permettra de cocher les cases qu'il pense correspondre aux bonnes réponses.

Pour l'épreuve d'expression écrite (TCF tout public – TCF TP – ou TCF pour la demande d'admission préalable – TCF DAP), un livret nominatif sera remis au candidat dans lequel se trouvent les consignes générales, la règle de comptage des mots et les sujets de chaque exercice. Le candidat écrit directement sur ce livret, dans les espaces qui lui sont réservés. Du papier brouillon est mis à sa disposition par le centre de passation.

2 TCF sur ordinateur (TCF SO)

Le TCF SO n'est pas un test en ligne mais un test dont les sessions sont proposées à partir un logiciel. Cela permet de garantir le bon déroulement de la session sans avoir à s'inquiéter de la qualité du débit Internet. De plus, ce système permet une meilleure protection des données personnelles du candidat. Le format des épreuves[7] et les conditions de passation du TCF SO sont identiques à celui de la version papier du test. La seule différence réside dans l'utilisation de la souris qui remplace le stylo[7].

L'interface du TCF SO est moderne et intuitive. Le candidat retrouve, sur l'écran principal, ses données personnelles et un compteur lui permettant de visualiser le temps qui lui reste pour terminer l'épreuve en cours. La compréhension orale se fait avec un casque audio équipé d'un régulateur de volume. Pendant cette épreuve, le candidat entend chaque extrait sonore une fois (comme dans la version papier). Il clique sur la case correspondant à son choix de réponse. Une fois que le temps attribué à la question est écoulé, le logiciel passe automatiquement à la question suivante. Le candidat peut, dans le temps qui lui est imparti (environ 25 minutes), modifier ses choix de réponse.

Dans le cas d'un TCF ou d'un TCF DAP, une fois l'épreuve de compréhension orale terminée, le logiciel du TCF SO proposera les épreuves de maîtrise des structures de la langue (grammaire et lexique) et de compréhension écrite. Il restera donc au candidat environ 65 minutes pour terminer la partie QCM. Pour ces deux épreuves, la navigation est libre : il est possible de passer d'une question à une autre, de revenir en arrière, de laisser une question de côté pour y revenir plus tard. Comme pour la version papier, il est capital de bien gérer son temps.

Le TCF SO permet également de passer l'épreuve d'expression écrite. Cette option vous sera proposée par les centres d'examen équipés du logiciel. L'épreuve d'expression écrite sur ordinateur est identique à celle proposée sur la version papier. La durée de l'épreuve est la même (60 minutes pour l'épreuve d'expression écrite du TCF TP ou l'épreuve optionnelle d'expression écrite du TCF Québec et 1h30 pour l'épreuve d'expression écrite du TCF DAP). Le candidat tapera sa production directement sur le clavier de l'ordinateur. Attention, les fonctionnalités secondaires des touches du clavier (raccourcis clavier ; touches « échap », CTRL, ALT...) ainsi que le correcteur orthographique sont automatiquement désactivés pendant l'épreuve. De ce fait, un clavier numérique apparaît sur l'écran principal et permet au candidat d'intégrer facilement des caractères spéciaux spécifiques à la langue française (ë, ï, ü, é, è, à, ù, ê, û, ô, œ, ç...).

---

7. Rappel : les épreuves obligatoires du TCF tout public sur ordinateur comportent un nombre plus important d'items (91 au total). Les 15 items supplémentaires permettent au CIEP de mener des études sur le fonctionnement du test. Ils ne sont pas pris en compte dans le calcul du score du candidat.

Vous devez passer le TCF pour une raison spécifique et à un moment très spécial de votre vie. Nous vous proposons de suivre quelques conseils qui mettront toutes les chances de votre côté pour obtenir les meilleurs résultats possibles.

Passer le TCF est un moment important qui ne doit pas être pris à la légère. Le TCF est une certification à fort enjeu. Vous vous êtes inscrit(e) pour une bonne raison :
- vous souhaitez débuter ou poursuivre vos études en France (TCF ou TCF DAP) ;
- vous souhaitez immigrer au Québec et vous y installer durablement (TCF ou TCF Québec) ;
- vous souhaitez obtenir la nationalité française (TCF ANF ou TCF) ;
- vous souhaitez obtenir la citoyenneté canadienne (TCF) ;
- vous souhaitez obtenir un emploi ou une promotion professionnelle (TCF).

Nous vous recommandons donc de suivre quelques conseils essentiels qui sont regroupés autour de trois moments :
- avant votre session de TCF ;
- pendant votre session ;
- après votre session.

Les conseils que nous vous présentons dans cette partie concernent les trois épreuves suivantes :
- compréhension orale ;
- maîtrise des structures de la langue (grammaire et lexique) ;
- compréhension écrite.

Des conseils spécifiques vous sont donnés pour l'épreuve d'expression écrite à la page 64 et pour l'épreuve d'expression orale à la page 94.

1 Avant la session

Plusieurs semaines avant la session :
- **Renseignez-vous sur les centres de test** de votre ville ou de votre région et vérifiez les dates de sessions.
- **Demandez les tarifs d'inscription :** ils peuvent varier d'un centre à l'autre dans une même ville.
- **Inscrivez-vous plusieurs semaines avant la date du test :** dans certains centres ou dans certains pays, les sessions peuvent être rapidement complètes. Une inscription dans une université française, une demande de visa d'immigration ou un dépôt d'obtention de la nationalité française se préparent plusieurs mois à l'avance. Ne faites pas toutes vos démarches administratives quelques jours avant de demander un visa d'étude ou d'immigration. Vous risqueriez de ne pas partir !
- **Apportez des photos d'identité de type « passeport » :** elles seront exigées au moment de votre inscription au TCF pour le Québec et au TCF si vous souhaitez vous soumettre à l'épreuve d'expression orale.
- **Vérifiez que vous n'avez pas d'autres engagements professionnels et/ou personnels le jour de la session :** une fois inscrit, vous ne pourrez plus être remboursé(e) excepté dans des cas très spécifiques (maladie, cas de force majeur) et sur présentation d'un justificatif à fournir au centre d'examen.
- **Vérifiez la distance et la durée de transport entre votre domicile et le centre de test :** vous ne pourrez pas arriver en retard le jour du test. En effet, une fois l'épreuve collective de compréhension orale commencée, aucun candidat n'est autorisé à entrer dans la salle de test.
- **Préparez-vous au TCF.** Utilisez ce livre plusieurs semaines avant de passer votre test pour vous habituer au format des questions, au type de question, aux thématiques que vous allez rencontrer, aux épreuves qui vous seront demandées et pour obtenir les meilleurs conseils possibles.

Le jour du test :
- **Arrivez 30 à 45 minutes avant l'heure de début du test :** les responsables du centre de test vérifieront votre identité avant de vous laisser entrer en salle de test.
- **N'oubliez pas d'avoir avec vous votre carte nationale d'identité ou votre passeport :** vous ne pourrez pas entrer en salle de test si vous n'avez pas de pièce d'identité officielle avec photo.

- **N'oubliez pas votre stylo à bille noir.** Pour plus de sécurité, apportez-en deux si le premier ne devait plus fonctionner. Attention ! ne répondez pas avec un crayon à papier, c'est interdit. Vos résultats risqueraient d'être annulés.
- **Essayez de ne pas stresser :** ce n'est pas à l'entrée de la salle de test que vous allez apprendre à mieux parler français ni à oublier tout ce que vous savez. Décontractez-vous et soyez confiant.
- **Ayez avec vous une bouteille d'eau.** Il est important de boire pendant le test surtout si vous devez rester plus d'une heure dans la salle de test.

2 Pendant la session[8]

- **Écoutez attentivement les consignes du surveillant.** Il va vous donner des informations sur le déroulement du test, la durée des épreuves et les consignes à respecter.
- **Vérifiez vos coordonnées (nom, prénom(s), nationalité, date de naissance) sur votre feuille de réponse et corrigez immédiatement les erreurs.** Si vous passez le TCF sur format papier, le surveillant va vous remettre une feuille de réponse sur laquelle figure vos nom(s), prénom(s), date de naissance et nationalité. Si vous constatez des erreurs, corrigez-les. Si vous ne le faites pas, vous retrouverez ces mêmes erreurs sur votre attestation officielle de résultat. Si vous passez votre test sur ordinateur, signalez au surveillant toute erreur qui apparaît sur votre écran.
- **Ne paniquez pas si vous pensez faire des erreurs ou avoir fait une erreur.** Vous avez le droit de faire des erreurs et de corriger vos erreurs pendant le test, même pendant la partie du questionnaire à choix multiples (QCM : cases à cocher). Si vous pensez avoir coché la mauvaise case, vous pouvez en cocher une autre et l'entourer : seule la case entourée sera prise en compte dans la correction de votre épreuve.
- **Soyez attentif lors de la partie « compréhension orale ».** Vous n'entendrez les documents sonores qu'une seule fois. Il est donc important d'être bien concentré. Écoutez bien attentivement les consignes qui sont également écrites sur le livret et qui seront lues.
- **Pour l'épreuve de compréhension orale, lisez les questions et/ou les choix de réponses proposés avant d'écouter le document sonore.** Cette lecture vous permettra d'avoir une idée (même peu précise) du thème du document que vous allez entendre. Vous allez aussi vous familiariser avec certains termes lexicaux qui seront peut-être entendus dans le document sonore.
- **Pour l'épreuve de compréhension écrite, lisez les questions et/ou les choix de réponses proposés avant de lire votre document.** Cette lecture vous permettra d'avoir une idée (même peu précise) du thème du document que vous allez lire. Vous allez aussi vous familiariser avec certains termes lexicaux qui seront peut-être lus dans le document.
- **Si vous ne connaissez pas la réponse à la question qui vous est posée, répondez quand même.** Choisissez la réponse qui vous semble la moins mauvaise ou la plus plausible, mais ne laissez pas de case vide. Il ne vous sera pas retiré de point en cas de mauvaise réponse. Au TCF, seules les bonnes réponses peuvent vous faire gagner des points. Les mauvaises réponses ne vous font pas gagner de point mais ne vous en font pas perdre. Donc, lancez-vous et répondez !
- **Gérez votre temps.** C'est peut-être le conseil le plus important. Une fois l'épreuve de compréhension orale passée, vous devrez peut-être passer les épreuves de maîtrise des structures de la langue (18 questions) et/ou de compréhension écrite (29 questions). Il est conseillé de réaliser l'épreuve de maîtrise des structures de la langue en 15 à 20 minutes, et l'épreuve de compréhension écrite en 40 à 45 minutes. Ne passez pas trop de temps sur une question. Si vous ne connaissez pas la réponse, passez à la suivante et revenez y plus tard. Ne perdez jamais de vue votre montre ou l'horloge de la salle d'examen. Votre surveillant vous informera régulièrement du temps qu'il reste et vous préviendra quelques minutes avant la fin du test. Pour le TCF sur ordinateur, un compte à rebours à l'écran vous permet de gérer votre temps.

---

8. Des conseils spécifiques pour la passation des épreuves d'expression écrite et d'expression orale vous sont donnés en page 64 et en page 94.

- **Ne tentez pas de tricher ou ne trichez pas.** Tricher, frauder, copier ou falsifier une identité peut vous coûter très cher. Les candidats tricheurs sont immédiatement repérés et sont passibles de poursuites. Tous les candidats tricheurs sont exclus de la salle de test et interdits de repasser le test pendant plusieurs années par le Conseil de discipline du CIEP. Si le centre d'examen est une université dans laquelle le candidat veut s'inscrire, l'administration de l'établissement peut prendre d'autres sanctions contre lui (par exemple, lui interdire de s'inscrire). Le TCF est un test national dépendant du ministère français de l'Éducation nationale. Il est donc régi par les mêmes procédures que les autres examens nationaux.
- **Cessez immédiatement d'écrire (posez vos stylos ou ne touchez plus à votre souris d'ordinateur) dès que le surveillant annonce la fin du test.** Si vous continuez à répondre après ce signal, vos résultats pourraient être annulés. Ne prenez pas de risque et respectez scrupuleusement les consignes.

3 Après la session

- **Ne vous inquiétez plus.** En effet, votre test est fini. Vous n'avez plus qu'à attendre vos résultats. Reprenez votre vie normale mais ne perdez pas de vue vos objectifs : études en France, acquisition de la nationalité française, immigration vers le Québec... Continuez à faire vos démarches administratives pour atteindre votre objectif car vous avez probablement d'autres documents à présenter.
- **Renseignez-vous dès maintenant sur la date de délivrance des résultats.** Votre centre d'examen vous invitera à venir récupérer votre attestation officielle de résultats à partir d'une date précise (comptez environ 1 mois). N'oubliez pas d'aller la chercher !
- **Récupérez votre attestation de résultats auprès de votre centre.** Une fois que votre attestation vous a été remise, vérifiez bien que vos données personnelles sont exactes (nom et prénoms bien orthographiés, date de naissance et nationalités exactes). En cas d'erreur, prévenez aussitôt votre centre TCF.
- **Faites des photocopies de votre attestation.** Ce document est précieux. Ne l'égarez pas. Nous vous conseillons vivement d'en faire plusieurs photocopies. Peut-être devrez-vous en remettre une copie à une administration sur présentation de l'original.
- **Ne paniquez pas en cas de résultats insuffisants.** Si vous obtenez des résultats insuffisants, il vous est toujours possible de repasser les épreuves du TCF. Vous devrez, toutefois, attendre deux mois entre chaque session. Nous vous recommandons de ne passer le TCF que lorsque vous avez une certaine connaissance de votre niveau de français et du niveau qui est exigé par l'administration (B2 ou C1 pour étudier en France, B1 pour obtenir la nationalité française, B2 pour l'immigration vers le Québec...).
- **Prenez contact rapidement avec l'administration qui vous demande une attestation du TCF.** Ne perdez pas de temps et poursuivez votre projet (études en France, immigration au Québec, obtention de la nationalité française). Remettez, dans les plus brefs délais, vos résultats à l'administration avec laquelle vous faites affaire pour votre projet (consulat de France, préfecture, bureau d'immigration du Québec, université...).

Compréhension
ORALE

Entraînement

Niveau A1

QUESTION 1

Écoutez les 4 propositions. Choisissez celle qui correspond à l'image.

☐ A ☐ B ☐ C ☐ D

QUESTION 2

Écoutez les 4 propositions. Choisissez celle qui correspond à l'image.

❏ A ❏ B ❏ C ❏ D

QUESTION 3

Écoutez l'extrait sonore et les 4 propositions. Choisissez la bonne réponse.

❏ A ❏ B ❏ C ❏ D

QUESTION 4

Écoutez l'extrait sonore et les 4 propositions. Choisissez la bonne réponse.

❏ A ❏ B ❏ C ❏ D

QUESTION 5

Écoutez le document sonore et la question. Choisissez la bonne réponse.

❏ A ❏ B ❏ C ❏ D

QUESTION 6

Écoutez le document sonore et la question. Choisissez la bonne réponse.

❏ A ❏ B ❏ C ❏ D

Écoutez le document sonore et la question. Choisissez la bonne réponse.

- ❑ **A.** Son collègue.
- ❑ **B**. Son médecin.
- ❑ **C.** Son pharmacien.
- ❑ **D.** Son responsable.

Écoutez et choisissez l'image qui correspond au document sonore.

❑ **A.**

❑ **C.**

❑ **B.**

❑ **D.**

Écoutez le document sonore et la question. Choisissez la bonne réponse.

- ❑ **A.** L'adresse.
- ❑ **B.** La situation.
- ❑ **C.** Le prix.
- ❑ **D.** Les services.

Écoutez le document sonore et la question. Choisissez la bonne réponse.

- ❑ **A.** Des conseils pour les études universitaires.
- ❑ **B.** Des emplois d'été pour les étudiants.
- ❑ **C.** Des emplois pour les jeunes toute l'année.
- ❑ **D.** Des stages professionnels à l'étranger.

Écoutez le document sonore et les 2 questions.
Pour chaque question, choisissez la bonne réponse.

Question 11
- ☐ **A.** Avec sa cousine.
- ☐ **B.** Avec ses enfants.
- ☐ **C.** Avec Patrick.
- ☐ **D.** Avec Thomas.

Question 12
- ☐ **A.** Il va faire sa valise.
- ☐ **B.** Il va travailler.
- ☐ **C.** Il va visiter l'Égypte.
- ☐ **D.** Il va voir sa cousine.

Écoutez et choisissez l'image qui correspond au document sonore.

☐ A.

☐ C.

☐ B.

☐ D.

Entraînement

QUESTION 14

Écoutez le document sonore et la question. Choisissez la bonne réponse.

- ☐ **A.** Elle a laissé son argent dans la boutique.
- ☐ **B.** Elle est partie trop tard de chez elle.
- ☐ **C.** Elle n'a pas fait attention à l'heure.
- ☐ **D.** Elle s'est trompée de lieu de rendez-vous.

QUESTION 15

Écoutez le document sonore et la question. Choisissez la bonne réponse.

- ☐ **A.** Elle veut acheter un nouveau téléphone.
- ☐ **B.** Il manque un accessoire dans la boîte.
- ☐ **C.** La qualité des écouteurs est mauvaise.
- ☐ **D.** Son appareil a un défaut technique.

QUESTION 16

Écoutez le document sonore et la question. Choisissez la bonne réponse.

- ☐ **A.** Arrêter les séances d'entraînement.
- ☐ **B.** Faire moins de séances d'entraînement.
- ☐ **C.** Faire plus de séances d'entraînement.
- ☐ **D.** S'entraîner doucement de la même manière.

QUESTION 17

Écoutez le document sonore et la question. Choisissez la bonne réponse.

- ☐ **A.** Le .fr est autant utilisé que le .net.
- ☐ **B.** Le .fr est de plus en plus utilisé.
- ☐ **C.** Le .fr est moins utilisé que le .org.
- ☐ **D.** Le .fr est plus utilisé que le .com.

QUESTION 18

Écoutez le document sonore et la question. Choisissez la bonne réponse.

- ☐ **A.** Parce que les écoles et les entreprises rendent la pratique sportive obligatoire.
- ☐ **B.** Parce que les Suédois gagnent beaucoup de compétitions sportives internationales.
- ☐ **C.** Parce que les Suédois ont droit à beaucoup de vacances pour pratiquer le sport.
- ☐ **D.** Parce que les Suédois pratiquent le sport dans leur quotidien, à l'école et au travail.

QUESTION 19

Écoutez le document sonore et la question. Choisissez la bonne réponse. //////////////////////////

- ❏ **A.** Aucune université canadienne ne proposait de programme en immersion.
- ❏ **B.** Étudier dans deux langues, en anglais et en français, n'était pas possible.
- ❏ **C.** Sa motivation pour étudier et pour apprendre l'anglais n'était pas assez forte.
- ❏ **D.** Son niveau d'anglais et ses résultats scolaires français étaient insuffisants.

QUESTION 20

Écoutez le document sonore et la question. Choisissez la bonne réponse. //////////////////////////

- ❏ **A.** Des conseils pratiques sur les animaux de compagnie.
- ❏ **B.** Des idées de sorties pour découvrir les animaux.
- ❏ **C.** Des recettes de cuisine originales pour les animaux.
- ❏ **D.** Des fiches techniques pour mieux reconnaître les animaux.

QUESTION 21

Écoutez le document sonore et la question. Choisissez la bonne réponse. //////////////////////////

- ❏ **A.** Au restaurant pour un dîner.
- ❏ **B.** Chez eux avec leurs amis.
- ❏ **C.** Dans un casino pour jouer.
- ❏ **D.** En ville pour aller danser.

QUESTION 22

Écoutez le document sonore et la question. Choisissez la bonne réponse. ////////////////////////////

- ❑ **A.** Il crée des liens entre les personnes qui ont les mêmes intérêts.
- ❑ **B.** Il garde en mémoire le nom de sites visités par les internautes.
- ❑ **C.** Il reconnaît automatiquement l'utilisateur qui se connecte.
- ❑ **D.** Il se fonde sur les renseignements fournis par les utilisateurs.

QUESTIONS 23 et 24

Écoutez le document sonore et la question. Choisissez la bonne réponse. ////////////////////////////

Question 23
- ❑ **A.** Les grands groupes occupent trop de place sur les sites d'avis.
- ❑ **B.** La plupart des avis publiés sur Internet sont malintentionnés.
- ❑ **C.** Les règles de contrôle sur les sites d'avis sont trop contraignantes.
- ❑ **D.** Les sites d'avis sont souvent manipulés par les entreprises.

Question 24
- ❑ **A.** Ils les utilisent très peu.
- ❑ **B.** Ils leur font plutôt confiance.
- ❑ **C.** Ils ne les trouvent pas pratiques.
- ❑ **D.** Ils s'en méfient beaucoup.

QUESTION 25

Écoutez le document sonore et la question. Choisissez la bonne réponse. ////////////////////////////

- ❑ **A.** Encadrer la pratique et l'usage des médecines non conventionnelles.
- ❑ **B.** Présenter les alternatives existant avec les médecines traditionnelles.
- ❑ **C.** Promouvoir les médecines non conventionnelles auprès du public.
- ❑ **D.** Rassurer les Français à l'égard des médecines non conventionnelles.

QUESTIONS 26 et 27

Écoutez le document sonore et les questions. Choisissez la bonne réponse. ///////////////////////

Question 26
- ❑ **A.** Des candidats avec une longue expérience et des compétences variées.
- ❑ **B.** Des gens avec de l'expérience prêts à travailler immédiatement.
- ❑ **C.** Des jeunes diplômés dont la formation sera complétée en interne.
- ❑ **D.** Des personnes ambitieuses et diplômées en quête d'évolution.

Question 27
- ❑ **A.** Utiliser uniquement les réseaux sociaux.
- ❑ **B.** Répondre seulement aux annonces en ligne.
- ❑ **C.** Favoriser d'abord les filières qui embauchent.
- ❑ **D.** Faire appel à tous les moyens possibles.

QUESTION 28

Écoutez le document sonore et la question. Choisissez la bonne réponse. ///////////////////////

- ❑ **A.** Le cinéma européen a bien fonctionné cette année.
- ❑ **B.** Le festival de Cannes favorise le cinéma européen.
- ❑ **C.** Les films commerciaux ne trouvent plus leur public.
- ❑ **D.** Les films européens ne se portent pas très bien.

Entraînement

QUESTION 29

Écoutez le document sonore et la question. Choisissez la bonne réponse.

- ❏ **A.** La décision du groupe d'experts.
- ❏ **B.** Le nombre de passagers insatisfaits.
- ❏ **C.** La non intervention du Conseil régional.
- ❏ **D.** L'état d'entretien des lignes concernées.

QUESTION 30

Écoutez le document sonore et la question. Choisissez la bonne réponse.

- ❏ **A.** Dresser une cartographie précise de l'attractivité médicale des nations européennes.
- ❏ **B.** Faire un état des lieux complet des médecines non conventionnelles au sein de l'Union européenne.
- ❏ **C.** Inciter les états membres à faire du droit à l'accès aux soins une priorité gouvernementale.
- ❏ **D.** Informer les citoyens européens sur la nocivité de certaines médecines parallèles.

QUESTION 31

Écoutez le document sonore et la question. Choisissez la bonne réponse.

- ❏ **A.** De compenser l'altération des capacités auditives.
- ❏ **B.** D'empêcher la perte progressive de l'ouïe.
- ❏ **C.** De percevoir des sons inaudibles pour l'homme.
- ❏ **D.** De guérir les personnes atteintes de surdité.

QUESTION 32

Écoutez le document sonore et la question. Choisissez la bonne réponse.

- ❏ **A.** Il a agressé un contrôleur de billet de train de la SNCF.
- ❏ **B.** Il a conduit des trains de la SNCF sans en avoir l'autorisation.
- ❏ **C.** Il passait ses journées à voler les passagers des trains.
- ❏ **D.** Il voyageait gratuitement déguisé en employé de la SNCF.

QUESTIONS 33 et 34

Écoutez le document sonore et les questions. Choisissez la bonne réponse.

Question 33
- ❏ **A.** motivation.
- ❏ **B.** organisation.
- ❏ **C.** réflexion.
- ❏ **D.** transgression.

Question 34
- ❏ **A.** effraye les consommateurs.
- ❏ **B.** rebute les consommateurs.
- ❏ **C.** stimule les consommateurs.
- ❏ **D.** trompe les consommateurs.

////// **Niveau** **C2** //

QUESTION 35

Écoutez le document sonore et la question. Choisissez la bonne réponse. ////////////////

- ❏ **A.** Comme un bouleversement profond des stratégies de ventes.
- ❏ **B.** Comme un essor notable des techniques commerciales créatives.
- ❏ **C.** Comme une amplification marquée des déséquilibres financiers.
- ❏ **D.** Comme une évolution naturelle de l'économie de marché.

QUESTION 36

Écoutez le document sonore et la question. Choisissez la bonne réponse. ////////////////

- ❏ **A.** Elles correspondent parfaitement au modèle classique du roman historique.
- ❏ **B.** Elles intègrent divers genres littéraires afin de les rendre plus réalistes.
- ❏ **C.** Elles retracent, de façon chronologique, les grandes étapes d'une époque.
- ❏ **D.** Elles sont similaires à celles de Walter Scott qui reflètent l'âme d'une époque.

QUESTION 37

Écoutez le document sonore et la question. Choisissez la bonne réponse. ////////////////

- ❏ **A.** Les pouvoirs publics ne respectent pas le cahier des charges imposé par la Ville de Bruxelles.
- ❏ **B.** Les pouvoirs publics souhaitent avoir le monopole sur le marché des enlèvements de véhicules.
- ❏ **C.** Les sociétés de dépannage appliquent des prix élevés et ne respectent pas certaines règles.
- ❏ **D.** La Ville de Bruxelles veut modifier la procédure d'attribution du marché de l'enlèvement des véhicules.

QUESTION 38

Écoutez le document sonore et la question. Choisissez la bonne réponse. ////////////////

- ❏ **A.** Un combat difficile à mener.
- ❏ **B.** Un décalage avec son vécu.
- ❏ **C.** Un doute sans fin non résolu.
- ❏ **D.** Une vocation soudaine et naturelle.

QUESTION 39

Écoutez le document sonore et la question. Choisissez la bonne réponse. ////////////////

- ❏ **A.** L'Europe doit être plus exigeante en matière de taxes douanières vis-à-vis du Japon.
- ❏ **B.** L'Europe doit encore prouver au Japon que cet accord sera économiquement favorable.
- ❏ **C.** Le Japon doit accepter d'accélérer les partenariats avec les entreprises européennes.
- ❏ **D.** Le Japon doit ajuster ses contraintes administratives douanières sur celles de l'Europe.

QUESTION 40

Écoutez le document sonore et la question. Choisissez la bonne réponse. ////////////////

- ❏ **A.** L'amertume.
- ❏ **B.** L'humour.
- ❏ **C.** L'ironie.
- ❏ **D.** La nostalgie.

Maîtrise des structures de la LANGUE

Entraînement

Niveau A1

QUESTION 1

Comment tu...

- ☐ **A.** es
- ☐ **B.** marches
- ☐ **C.** restes
- ☐ **D.** vas

... au travail le matin ?

QUESTION 2

Tu peux acheter...

- ☐ **A.** le
- ☐ **B.** les
- ☐ **C.** la
- ☐ **D.** l'

... pain ?

QUESTION 3

Prends ton maillot de bain pour la...

- ❑ **A.** campagne.
- ❑ **B.** forêt.
- ❑ **C.** montagne.
- ❑ **D.** plage.

QUESTION 4

– Qu'est-ce que tu vas faire l'année prochaine ?
– Je vais étudier l'anglais...

- ❑ **A.** à
- ❑ **B.** au
- ❑ **C.** de
- ❑ **D.** en

... Canada.

QUESTION 5

– Qu'est-ce que tu...

- ❑ **A.** fais
- ❑ **B.** fait
- ❑ **C.** faire
- ❑ **D.** faîtes

... pour les vacances cette année ?
– Je vais en Grèce avec mon amie.

QUESTION 6

– Le train de ma sœur arrive à 20h05. Je vais aller la chercher. Tu m'accompagnes...

- ❑ **A.** à l'aéroport ?
- ❑ **B.** à la gare ?
- ❑ **C.** au garage ?
- ❑ **D.** au port ?

– Oui, bien sûr. À quelle heure on part ?

Entraînement

QUESTION 7

La langue anglaise...

- ☐ **A.** crée
- ☐ **B.** créé
- ☐ **C.** crées
- ☐ **D.** créer

... environ 20 000 nouveaux mots chaque année.

QUESTION 8

Il est...

- ☐ **A.** interdis
- ☐ **B.** interdit
- ☐ **C.** interdite
- ☐ **D.** interdits

... de fumer !

QUESTION 9

– Tu as vu mes sœurs ? Je ne sais pas où elles sont.

– Je...

- ☐ **A.** la
- ☐ **B.** les
- ☐ **C.** leur
- ☐ **D.** lui

... ai vues devant la pharmacie.

QUESTION 10

– Tu veux...

- ☐ **A.** de
- ☐ **B.** de la
- ☐ **C.** des
- ☐ **D.** du

... sucre dans ton café ?

QUESTION 11

– Tu viens en vacances au ski avec nous cet hiver ?

– Je ne sais pas si j'ai...

- ❏ **A.** assez
- ❏ **B.** peu
- ❏ **C.** très
- ❏ **D.** trop

... d'argent pour vous accompagner. Je te donne ma réponse demain.

QUESTION 12

Demain, ...

- ❏ **A.** j'ai été
- ❏ **B.** j'ai eu
- ❏ **C.** je suis
- ❏ **D.** je vais

... fêter mon anniversaire.

QUESTION 13

Hier, ...

- ❏ **A.** je vais aller
- ❏ **B.** je suis allé
- ❏ **C.** je vais
- ❏ **D.** allez

... au cinéma.

QUESTION 14

Merci beaucoup pour ton invitation à dîner d'hier. Tu es un vrai chef cuisinier. J'ai...

- ❏ **A.** adoré
- ❏ **B.** détesté
- ❏ **C.** dirigé
- ❏ **D.** apporté

... le repas.

Entraînement

QUESTION 15

Et si nous...

❑ **A.** allions
❑ **B.** allons
❑ **C.** irons
❑ **D.** sommes allés

... au cinéma ?

QUESTION 16

Ce magasin n'est pas loin de chez moi. On peut y...

❑ **A.** aller
❑ **B.** marcher
❑ **C.** promener
❑ **D.** rendre

... à pied.

QUESTION 17

Les clés sont ici, je les ai...

❑ **A.** trouvais.
❑ **B.** trouvé.
❑ **C.** trouvées.
❑ **D.** trouver.

QUESTION 18

– Est-ce que tu pratiques le ski ?
– Oui, je sais...

❑ **A.** en
❑ **B.** le
❑ **C.** lui
❑ **D.** y

... faire depuis que je suis très jeune.

Maîtrise des structures de la LANGUE

QUESTION 19

– Tu vas t'inscrire dans quelle faculté en septembre ?

– Je ne sais pas. Si...

- ❑ **A.** j'étais
- ❑ **B.** je serai
- ❑ **C.** je serais
- ❑ **D.** je suis

... bon en biologie, je ferais des études de médecine. Mais ce n'est pas le cas !

QUESTION 20

– Tu as des nouvelles de Paul ?

– Non, aucune depuis son départ. J'ai...

- ❑ **A.** besoin
- ❑ **B.** envie
- ❑ **C.** peur
- ❑ **D.** raison

... qu'il soit parti sans laisser d'adresse.

QUESTION 21

Si j'ai le temps, je te promets que...

- ❑ **A.** je viendrais
- ❑ **B.** je viendrai
- ❑ **C.** je suis venu
- ❑ **D.** je venais

... avec toi au théâtre.

QUESTION 22

Cette personne que tu as rencontrée hier au restaurant et...

- ❑ **A.** que
- ❑ **B.** où
- ❑ **C.** qui
- ❑ **D.** dont

... t'a parlé Paul est dangereuse.

Entraînement

QUESTIONS 23 et 24

- ❏ **A.** Afin de
- ❏ **B.** Au lieu de
- ❏ **C.** Faute de
- ❏ **D.** En plus de

... préserver le fondant de ces croissants, refermer le sachet ⬛ *après ouverture.*

Quel est le mot manquant ?

- ❏ **A.** amoureusement
- ❏ **B.** attentivement
- ❏ **C.** précieusement
- ❏ **D.** soigneusement

QUESTION 25

Je vais être en retard ce soir, peux-tu...

- ❏ **A.** chercher
- ❏ **B.** démarrer
- ❏ **C.** préparer
- ❏ **D.** rencontrer

... le dîner des enfants ?

QUESTION 26

– Les sportifs...

- ❏ **A.** avec lesquels
- ❏ **B.** en lesquels
- ❏ **C.** dans lesquels
- ❏ **D.** pour lesquels

... j'ai le plus d'admiration sont les alpinistes. Ils prennent des risques énormes.
– Moi, ce sont les cavaliers qui m'impressionnent.

– Comment tu as trouvé le repas de ce midi ?

– Très bon. ...

- ❑ **A.** En substance
- ❑ **B.** En bref
- ❑ **C.** En revanche
- ❑ **D.** En plus

..., le dessert était immangeable.

– Il est nécessaire que les gens soient conscients de l'importance de l'écologie.

– Tu penses que cette prise de conscience va...

- ❑ **A.** constater
- ❑ **B.** entraîner
- ❑ **C.** résoudre
- ❑ **D.** résulter

... une amélioration des conditions de vie ?

QUESTION 29

L'enfant ne pouvait croire qu'il contemplait des bêtes féroces... //

- ❏ **A.** tel que
- ❏ **B.** tels que
- ❏ **C.** telle que
- ❏ **D.** telles que

... le lion et le tigre.

QUESTION 30

Dans cette véritable « biographie de la langue française », les auteurs veulent mettre... //////

- ❏ **A.** les bouchées doubles
- ❏ **B.** les idées en place
- ❏ **C.** les pendules à l'heure
- ❏ **D.** les petits plats dans les grands

... et malmener quelques fausses croyances.

QUESTION 31

Jamais autant de gens ne l'ont parlée qu'aujourd'hui. L'univers des francophones est un... //////

- ❏ **A.** jumelage
- ❏ **B.** façonnage
- ❏ **C.** métissage
- ❏ **D.** montage

... unique et fertile : la langue de Rabelais et Montaigne est devenue celle de Littell, Rahimi, Abdou Diouf, Mick Jagger, Jodie Foster ou Sigourney Weaver.

QUESTION 32

– Tu as des nouvelles de Marie ? //
– Aucune. Je l'ai appelée trois fois hier mais...

- ❏ **A.** à tort.
- ❏ **B.** en peine.
- ❏ **C.** en vain.
- ❏ **D.** en vrac.

– Les enfants, est-ce que vous vous êtes...

❑ **A.** lavé
❑ **B.** lavée
❑ **C.** lavés
❑ **D.** lavées

... les mains avant de passer à table ?

– Avez-vous des déclarations à faire à ce sujet ?
– Oui, mais je n'ai pas...

❑ **A.** beaucoup
❑ **B.** grand-chose
❑ **C.** quelque chose
❑ **D.** trop

... à dire.

Entraînement

QUESTION 35

Je vous...

- ❑ **A.** saurais
- ❑ **B.** serais
- ❑ **C.** tiendrais
- ❑ **D.** verrais

... gré de bien vouloir me donner votre réponse dans les plus brefs délais.

QUESTION 36

Je ne compte pas le nombre de miracles qu'il nous...

- ❑ **A.** aura fallu
- ❑ **B.** aurons fallu
- ❑ **C.** eût fallu
- ❑ **D.** ont fallu

... pour être ici devant vous.

QUESTION 37

Il est primordial que le gouvernement poursuive ses efforts pour...

- ❑ **A.** assouvir
- ❑ **B.** conforter
- ❑ **C.** prévaloir
- ❑ **D.** retendre

... la reprise économique dans ce pays.

QUESTION 38

– Tu es encore fâché contre Jean ? Tu as essayé de le recontacter ?

– ...

- ❑ **A.** Eh bien
- ❑ **B.** Et bien
- ❑ **C.** Euh bien
- ❑ **D.** Hé bien

... non ! Je ne veux plus entendre parler de lui.

QUESTION 39

– C'est injuste ! On ne peut pas le condamner pour la faute qu'il a commise.
Il ne savait pas que c'était interdit.

– Aux yeux de la justice, il est responsable car...

- ❏ **A.** aucun
- ❏ **B.** nul
- ❏ **C.** pas un
- ❏ **D.** rien

... n'est censé ignorer la loi.

QUESTION 40

Les symphonies que j'ai...

- ❏ **A.** entendu
- ❏ **B.** entendue
- ❏ **C.** entendus
- ❏ **D.** entendues

... jouer lors de ce festival étaient d'une qualité vraiment médiocre.

Compréhension
ÉCRITE

Entraînement

Niveau A1

QUESTION 1

> **Docteur Lemarchand**
>
> **Du mardi au vendredi**
> **de 9h à 12h.**
>
> **Rendez-vous au**
> **04 93 54 10 25**

Vous pouvez voir le docteur...

- ☐ **A.** Le matin.
- ☐ **B.** Le lundi.
- ☐ **C.** Le soir.
- ☐ **D.** Le week-end.

QUESTION 2

> Pour *gagner du temps*,
> achetez votre billet de train
> sur notre
> **site Internet**.

Où je peux acheter un billet de train ?

- ❏ **A.** À l'aéroport.
- ❏ **B.** Au cinéma.
- ❏ **C.** Dans un supermarché.
- ❏ **D.** En ligne.

QUESTION 3

> Delphine, je t'attends au
> coin de la rue, devant la
> pharmacie. Fais vite, le film
> commence dans 10 minutes !
>
> Options   Retour

Où va Delphine ?

- ❏ **A.** Au cinéma.
- ❏ **B.** À la maison.
- ❏ **C.** Chez le docteur.
- ❏ **D.** En ville.

QUESTION 4

> Il est 17 heures. Je suis chez
> Paul. Je rentre à la maison
> à 19 heures. On mange à
> 20 heures ou plus tard ?
> Bises
> Julie
>
> Options   Retour

À quelle heure va arriver Julie ?

- ❏ **A.** À 17 heures.
- ❏ **B.** À 19 heures.
- ❏ **C.** À 20 heures.
- ❏ **D.** À 21 heures.

> Pas de fête avec vous ce soir. Je suis malade. Je reste à la maison. Je suis désolé. Je t'appelle demain. Bises. Medhi.
>
> Options   Retour

Pourquoi Medhi écrit ce message ?

- ❑ **A.** Il a rendez-vous chez le médecin.
- ❑ **B.** Il ne vient pas à la fête ce soir.
- ❑ **C.** Il vient à la fête ce soir.
- ❑ **D.** Il ne reste pas chez lui ce soir.

> **De** : eric.bonafous@gmail.com
> **Objet** : invitation
>
> ---
>
> Cher Pablo,
> J'espère que tu vas bien. Je t'invite à manger chez moi mardi 23 mars. Je te donne mon adresse :
> 6, avenue de la Liberté. Je t'attends à 20 heures.
> Amitiés,
> Éric

Quelles informations donne Éric ?

- ❑ **A.** L'heure du déjeuner, la date et l'adresse de son appartement.
- ❑ **B.** Son adresse, son numéro de téléphone et la date du dîner.
- ❑ **C.** L'adresse du restaurant, la date et l'heure du rendez-vous.
- ❑ **D.** Son adresse, l'heure et la date du rendez-vous.

QUESTION 7

salut Maman, salut Papa,

L'université, c'est fini ! Je suis
bien arrivé à Londres. Tout va
bien. Je visite tous les musées.
Demain, je pars avec mon copain
Mike dans le nord du pays faire
du camping.
Grosses bises de Grande-Bretagne

Léo

sophie et Marc DURAND

7, place de la République

75011 Paris

FRANCE

Que fait Léo en Grande-Bretagne ? ///

- ❑ **A.** Il est en vacances.
- ❑ **B.** Il a un travail.
- ❑ **C.** Il fait des études.
- ❑ **D.** Il visite sa famille.

QUESTION 8

Hier, tu n'es pas venu. Je t'ai attendu 1 heure devant le cinéma dans le froid. N'oublie pas notre rendez-vous ce soir au restaurant ! Envoie-moi un message et dis-moi à quelle heure on se rencontre. Sarah.

Options   Retour

Pourquoi Sarah écrit ce message ? ///

- ❑ **A.** Pour donner un rendez-vous à son ami.
- ❑ **B.** Pour annuler un dîner au restaurant avec son ami.
- ❑ **C.** Pour demander une confirmation de rendez-vous.
- ❑ **D.** Pour changer la date d'un rendez-vous au cinéma.

QUESTION 9

De : antoine@web.fr
A : marie@internet.com
Objet : Vacances à la neige

Chère Marie,

Tanguy ne veut pas aller à la mer le mois prochain. Il veut aller à la montagne. Il a un appartement. Nous partons donc faire du ski. Nous voulons t'inviter à venir avec nous. Nous allons y rester une semaine. Tanguy est un bon skieur. Moi, je suis débutant. Et toi ? Je voudrais prendre des cours parce que j'ai un peu peur.

Antoine

Que propose Antoine à Marie ?

- ❑ **A.** De suivre des cours de ski pour débutant.
- ❑ **B.** De louer un appartement à la montagne.
- ❑ **C.** De passer des vacances à la montagne.
- ❑ **D.** De passer du temps libre au bord de la mer.

QUESTION 10

Les bateaux de Paris

Soyez les bienvenus
sur le site Internet des **Bateaux de Paris**.

Découvrez les plus beaux monuments
de la capitale, comme la Tour Eiffel,
le Louvre ou la Cathédrale Notre-Dame
lors d'une **croisière** avec commentaires.

Que propose cette annonce ?

- ❑ **A.** Des ballades sur l'eau.
- ❑ **B.** Des guides spécialisés.
- ❑ **C.** Des promenades à pied.
- ❑ **D.** Des visites individuelles.

QUESTION 11

Chère Lola,

Après l'Allemagne, nous sommes arrivés en Suisse. Il fait très beau. J'adore la cuisine ici. Je te téléphone à mon retour à Paris.

1 000 bisous,

Quentin

Melle Lola Grette

22 rue de Cîteaux

Bruges

BELGIQUE

Où est Quentin ?

- ❑ **A.** En Allemagne.
- ❑ **B.** En Belgique.
- ❑ **C.** En France.
- ❑ **D.** En Suisse.

QUESTION 12

Hôtel de la Montagne

Bienvenue à l'hôtel de la Montagne

Parking gratuit.
Accessible aux personnes à mobilité réduite.
Les chiens tenus en laisse sont les bienvenus.
Les chèques Vacances sont acceptés.
Piscine
Restauration sur place. Voir la page : http://www.aumenudelamontagne.fr

Que propose ce document ?

- ❑ **A.** Des consignes de sécurité.
- ❑ **B.** Des conseils pour touristes.
- ❑ **C.** Des idées de vacances.
- ❑ **D.** Des informations pratiques.

Entraînement

De : paul75010@hotmail.fr
A : sophielouloute@hotmail.fr
Objet : Cinéma

Salut Sophie,
J'espère que tu vas bien. J'ai bien reçu ton message. Merci beaucoup. Je ne pourrai pas
venir demain avec toi faire du vélo. Je vais chez le dentiste l'après-midi mais je suis libre le soir.
Je te propose un rendez-vous à 20 heures au cinéma. Préfères-tu aller au théâtre ?
J'attends ta réponse.
Bises
Paul

Qu'est-ce que Paul dit à Sophie ?

- ☐ **A.** Il ne veut pas aller au cinéma.
- ☐ **B.** Il ne peut pas aller au cinéma.
- ☐ **C.** Il préfère aller au théâtre.
- ☐ **D.** Il voudrait aller au cinéma.

Merci pour l'invitation d'hier. J'ai bien aimé le film. Les acteurs sont excellents. J'ai trouvé les personnages sympathiques. L'histoire est incroyable ! J'ai eu très peur. Mais la musique m'a donné mal à la tête.
Marie

Options   Retour

Qu'est-ce que Marie n'a pas beaucoup aimé du film ?

- ☐ **A.** La musique.
- ☐ **B.** Les personnages.
- ☐ **C.** L'histoire.
- ☐ **D.** Les acteurs.

QUESTION 15

Université de Strasbourg
Faculté des sciences économiques et de gestion

Monsieur Ahmed TRAHI
34, rue Didouche Mourad
16006 Alger
ALGÉRIE

Objet : votre inscription en master

Strasbourg, le 5 mars 2014

Monsieur,

J'ai le plaisir de vous annoncer que votre demande d'inscription à l'université de Strasbourg en 1ʳᵉ année de master *Sciences et société* a été acceptée.

Pour confirmer votre inscription, nous vous demandons de bien vouloir compléter le formulaire en ligne à cette adresse https://aria.u-strasbg.fr/uds/index.php avant le 15 avril prochain.

Dans cette attente, nous restons à votre disposition pour répondre à vos questions par téléphone ou *via* notre forum Internet. Nous vous invitons également à visiter la page Internet http://mastersts.u-strasbg.fr/ de votre future faculté pour obtenir des informations complémentaires.

Nous vous prions de croire, Monsieur, en l'expression de nos salutations les meilleures.

Le service des admissions

Que doit obligatoirement faire Ahmed TRAHI ? ///

☐ **A.** Obtenir des informations sur Internet.
☐ **B.** S'inscrire à la faculté par courrier.
☐ **C.** Contacter le service des admissions.
☐ **D.** Compléter son inscription en ligne.

QUESTION 16

Julien75	Salut à tous ! Je voudrais savoir si vous connaissez un restaurant sympa où je peux dîner avec ma copine pour son anniversaire. Je cherche un restaurant français, pas trop cher et accueillant.
Pablo	Salut Julien75, j'en connais près de la place de la Nation. Il s'appelle *Le Patio*. C'est un restaurant italien. Le patron, Rafaelo, est très accueillant et il prépare des pâtes délicieuses, vraiment pas chères. Le restaurant est très joli. L'autre que je connais s'appelle *l'atelier Rodier*. Le patron est colombien mais il a suivi des études de cuisine française. Il ne sait pas faire autre chose. Les serveurs sont super sympathiques et c'est un restaurant bon marché. Il y a aussi le *Bistrot d'Hugo* : la cuisine est délicieuse, les prix ne sont pas trop élevés, mais le patron est toujours très nerveux. Enfin, je te conseille vraiment la *Brasserie du Métro* qui est mon restaurant préféré : tu ne le regretteras pas si tu y vas. Mais attention aux prix !
Julien75	Merci beaucoup Pablo. J'ai toutes les informations nécessaires pour prendre une décision.

Quel restaurant Julien75 va-t-il choisir ?

- ❏ **A.** Le Bistrot d'Hugo.
- ❏ **B.** La Brasserie du Métro.
- ❏ **C.** L'atelier Rodier.
- ❏ **D.** Le Patio.

QUESTION 17

De : John@entreprise.fr
A : Patrick@entreprise.fr
Objet : Dossier russe

Cher Patrick,

Je t'écris de Moscou où je suis arrivé hier soir. Il fait un froid incroyable mais la ville est superbe.
J'ai eu une réunion hier où nous avons pris plusieurs décisions avec notre partenaire russe.
Je crois que le contrat va être signé et que nous pourrons commencer à travailler avec lui très vite.
Ce contrat représente plusieurs millions d'euros. Notre directeur va être content de cette nouvelle.
Il faudrait que tu lui parles de ça demain en réunion et que tu demandes à Paul de m'envoyer
la traduction du contrat en russe.
Merci d'avance,
John

Qu'est-ce que John demande à Patrick ?

- ❏ **A.** De traduire le contrat.
- ❏ **B.** D'informer le directeur.
- ❏ **C.** D'organiser une réunion.
- ❏ **D.** De prendre une décision

QUESTION 18

Michel

Le héros de cette bande-dessinée s'appelle **Michel**, chat roux de 6 kilos originaire de Nantes. Au fil des pages, il propose des méthodes simples et efficaces pour manger toujours plus et sans le moindre scrupule. Des astuces pratiques pour un bien-être quotidien et un questionnement philosophique sur cette quête de l'impossible : *comment manger en permanence et de préférence des mets délicieux ?* Ne nous privons plus du bonheur de manger !

Ajout au panier ▶

Quelle est la particularité du héros de cette bande-dessinée ?

- ❏ **A.** Il cherche à perdre du poids tout en mangeant beaucoup.
- ❏ **B.** Il donne des conseils pour réussir de bonnes recettes.
- ❏ **C.** Il sait cuisiner des plats qui font maigrir rapidement.
- ❏ **D.** Il veut manger tout le temps et en grande quantité.

QUESTION 19

Il y a l'eau que l'on consomme en pleine conscience, en la voyant couler, et celle que l'on consomme – voire que l'on gâche – sans le savoir : c'est ce que l'organisation WWF appelle « l'eau virtuelle », celle utilisée pour faire pousser les cultures ou fabriquer les produits de notre vie de tous les jours. Par exemple, avant de boire une tasse de café, il faut faire pousser le plan de café, le récolter, le transporter, l'emballer, le vendre et le préparer. Soit un total de 140 litres d'eau utilisés... pour une simple tasse de café. En un an, « l'empreinte eau » d'un consommateur français s'élève à 1786 m³, soit le contenu de deux Boeing 747. Et un gros tiers de cette utilisation correspond à la consommation de viande, par le biais du soja et du maïs utilisés pour nourrir le bétail.

http://www.franceinfo.fr, 17 mars 2012.

Qu'explique cet article ?

- ❏ **A.** Que les Français sont attentifs à leur consommation d'eau.
- ❏ **B.** Que les réserves mondiales d'eau ne sont plus en danger.
- ❏ **C.** Que les modes alimentaires ont un impact sur les stocks d'eau.
- ❏ **D.** Que les industries modernes utilisent une eau artificielle.

Le Danemark est le premier pays au monde à autoriser l'accès à Internet lors des examens qui peuvent parfois même compter pour la baccalauréat. Quatorze établissements pilotes ont d'abord participé à l'expérience. Elle s'est ensuite élargie à d'autres établissements. Mais rien n'est imposé aux lycées : chaque établissement choisit si ses élèves composent avec ou sans ordinateur.

Utiliser Internet est une manière de chercher l'information et de l'évaluer de manière critique, se défend le ministère sur son site. Le principe est que chaque lycéen doit savoir utiliser internet et le contenu de son ordinateur lors d'épreuves qui durent en général cinq heures.

http://www.huffingtonpost.fr,
12 juin 2013.

Pourquoi le Danemark autorise-t-il l'utilisation d'Internet pendant les examens ? ///////////////

- ❑ **A.** C'est un outil de travail à part entière.
- ❑ **B.** Cela permet de limiter les cas de fraudes.
- ❑ **C.** Internet favorise la réussite des lycéens.
- ❑ **D.** Les examens danois se passent en ligne.

Un rapport, publié aujourd'hui par l'Agence sanitaire française, déconseille la consommation de boissons énergisantes, surtout chez les ados. RedBull, Burn, Monster… Des boissons que tu consommes peut-être réguliè-rement. Mais en connais-tu les dangers ? Tu leur trouves un bon goût, tu as l'impression d'être plus en forme quand tu en bois, c'est cool d'en boire entre copains et copines… Mais une boisson éner-gisante, ce n'est pas un vulgaire soda. Que contiennent ces bois-sons ? Caféine, taurine, ginseng, cocktail de vitamines, sucre… Ces substances sont inoffensives, mais peuvent s'avérer dangereuses quand elles sont consommées en grande quantité.

D'après http://www.geoado.com

Quelle information donne le journaliste ?

- ❑ **A.** Les boissons énergisantes sont toujours dangereuses.
- ❑ **B.** Les boissons énergisantes peuvent être dangereuses.
- ❑ **C.** Les boissons énergisantes ne sont pas très dangereuses.
- ❑ **D.** Les boissons énergisantes sont totalement inoffensives.

Chine, Inde, États-Unis, Indonésie, Brésil, Pakistan : voici dans l'ordre les 6 pays les plus peuplés qui totalisent 3,59 milliards d'habitants. Il n'a fallu que 12 ans, entre 1999 et 2011, pour que la population mondiale passe de 6 à 7 milliards d'habitants. En 2050, elle devrait s'approcher des 10 milliards d'habitants ! À cette époque, l'Inde dépassera la Chine pour devenir le pays le plus peuplé du monde avec 1,66 milliard d'habitants (contre 72 millions d'habitants en France en 2050).

D'après http://www.geoado.com

Quelle est l'information donnée dans cet article ?

- ❑ **A.** La population mondiale a assez peu augmenté ces dernières années.
- ❑ **B.** De plus en plus de pays d'Asie dépasseront un milliard d'habitants.
- ❑ **C.** La France va connaître une forte augmentation du nombre d'habitants.
- ❑ **D.** La population mondiale a augmenté rapidement en quelques années.

Entraînement

QUESTION 23

Après la campagne Zéro Prospectus lancée par E. Leclerc en septembre 2010, c'est au tour des principaux distributeurs de prospectus, *via* l'Observatoire du Hors Média (OHM) de relancer la polémique sur l'usage du papier à des fins commerciales.
En cause cette fois-ci ? Un dépliant de 4 pages distribué en 13 millions d'exemplaires « pour en finir avec les idées reçues » et démontrer que l'on ne pourrait vivre dans un monde « sans amour et zéro papier ? ». Le tout est accompagné d'un site web, www.monprospectus.com sur lequel sont vantés les mérites de la réclame sur papier.

http://www.terraeco.net

Quel est le titre de cet article ?

- ❑ **A.** Avantages de la publicité sur papier.
- ❑ **B.** Débat sur la publicité sur papier.
- ❑ **C.** Disparition de la publicité sur papier.
- ❑ **D.** Inconvénients de la publicité sur papier.

QUESTIONS 24 et 25

Critique de la semaine :
À bord de leur vaisseau, Rosco et le capitaine Jim ont pour mission de sauver l'univers d'un terroriste imprudemment décongelé. Tourné en 3D par le réalisateur L. Witley, ce nouvel épisode intergalactique, foisonnant, donne vite la migraine. Et comme une furieuse envie de téléportation !

À quel genre appartient le film dont parle le journaliste ?

- ❑ **A.** L'animation.
- ❑ **B.** La comédie.
- ❑ **C.** La science-fiction.
- ❑ **D.** Le policier.

Que pense le journaliste du film ?

- ❑ **A.** Il est assommant.
- ❑ **B.** Il est innovant.
- ❑ **C.** Il est passionnant.
- ❑ **D.** Il est terrifiant.

QUESTION 26

Comment j'ai survécu à une perverse narcissique ?

Les hommes victimes de harcèlement dans leur couple sont plus nombreux qu'on le pense. La plupart se taisent, par honte. Le témoignage de Julien, 56 ans, qui a trouvé la force de divorcer, est donc rare, et précieux : « Des années se sont écoulées avant que je me décide à quitter Nathalie, raconte Julien […]. J'étais sous emprise mais, à l'époque, je ne m'en rendais pas compte. J'ai fini par divorcer, en 2010. Aujourd'hui, j'ai 56 ans, je me suis reconstruit. Pourtant, évoquer cette histoire reste très douloureux pour moi. C'est ma femme actuelle qui m'a poussé à témoigner. Au départ, je n'étais pas très chaud pour revenir sur cette période de ma vie […] parce que les médias parlent toujours de femmes victimes de leurs maris pervers narcissiques, jamais de l'inverse. Or, les femmes aussi peuvent être perverses, je suis bien placé pour le savoir. Les dégâts sont aussi importants mais personne ne s'en aperçoit, car les hommes qui subissent une manipulatrice ont tendance à minimiser leur souffrance. Ils craignent de passer pour faibles […] ».

Estelle Saget, *L'Express*, 31 mai 2013.

D'après Julien, qu'est-ce que les victimes de perverses narcissiques font en général ?

- ❏ **A.** Elles parlent de leur douleur à leur famille.
- ❏ **B.** Elles divorcent pour échapper aux problèmes.
- ❏ **C.** Elles témoignent de leur situation en public.
- ❏ **D.** Elles cachent une partie de leur douleur.

QUESTION 27

La météo pourrie inonde les réseaux sociaux.

Qu'annonce le titre de cet article ?

- ❏ **A.** La météo est le sujet de prédilection sur les réseaux sociaux.
- ❏ **B.** Les gens refusent de parler de la météo sur les réseaux sociaux.
- ❏ **C.** Le mauvais temps déprime les utilisateurs de réseaux sociaux.
- ❏ **D.** Les utilisateurs de réseaux sociaux se moquent de la météo.

Toxicomanie : bientôt une salle de consommation à moindres risques

La future salle de consommation à faibles risques sera implantée au 39 boulevard de la Chapelle. Situé sur un terrain appartenant à la SNCF, ce lieu permettra de répondre à la nécessité d'un accueil, par des professionnels de la santé, des usagers de drogue dans ce quartier. L'objectif est de réduire les risques sanitaires et de diminuer les nuisances sur l'espace public.

D'après http://www.paris.fr

Pourquoi s'agit-il d'une salle à moindres risques ?

❑ **A.** Parce que des conseils médicaux seront donnés aux usagers de drogue par des spécialistes.
❑ **B.** Parce que la consommation de drogue pourra se faire dans des lieux connus par le public.
❑ **C.** Parce que les usagers seront encouragés par des médecins à diminuer leur consommation.
❑ **D.** Parce que la consommation sera encadrée par du personnel et éloignée des lieux publics.

QUESTION 29

Comme si la garde partagée et les droits de visite ne causaient pas déjà mille et un tracas, les parents séparés doivent être bien organisés afin de passer des vacances en famille à l'extérieur du pays. Au Canada, tous les parents doivent détenir les papiers d'identification de leurs enfants lors d'un voyage en famille à l'étranger. Mais voilà, la situation est plus complexe pour les parents divorcés ou séparés. S'ils ont la garde légale de leur progéniture, ils doivent absolument montrer les papiers légaux de garde. L'Agence des services frontaliers du Canada conseille de se munir également d'une lettre d'autorisation signée par l'autre parent afin d'accélérer son passage à la frontière. Et s'ils ont des motifs de croire qu'un enlèvement d'enfant ou un autre acte criminel est sur le point d'être commis, les agents des douanes ont des pouvoirs similaires à ceux des policiers. « Le but est de prévenir les enlèvements d'enfants. Et si l'agent doute de la sécurité de l'enfant, il peut également poser des questions additionnelles », explique Nicole Barsalou, porte-parole de l'Agence.

Vincent Brousseau-Pouliot, *Le Soleil,* Québec.

Quelle information importante souhaite transmettre l'auteur de cet article aux divorcés voulant voyager à l'étranger avec leur(s) enfant(s) ?

- ❑ **A.** De différer le voyage autant que possible en cas de litige.
- ❑ **B.** De respecter scrupuleusement la législation en vigueur.
- ❑ **C.** D'apporter d'autres documents que les papiers d'identité.
- ❑ **D.** De prévenir les douanes assez de temps avant le départ.

QUESTION 30

Court séjour des ressortissants des pays tiers

Les ressortissants d'un pays tiers à l'Union européenne et des pays associés soumis à visas, qui souhaitent effectuer un court séjour dans un ou plusieurs pays de la zone Schengen, doivent posséder un ou des documents de voyage (passeport par exemple) et être en possession d'un visa unique délivré par un des États membres, valable pour l'ensemble de la zone Schengen (dit visa « Schengen »).

Ils doivent également présenter, le cas échéant, les documents justifiant de l'objet et des conditions de leur séjour. En outre, ils doivent disposer de moyens de subsistance suffisants tant pour la durée de leur séjour que pour leur retour et ne pas faire l'objet d'un signalement aux fins de non-admission.

Le visa de court séjour est délivré pour 3 mois au plus. Durant sa durée de validité, son titulaire bénéficie de la liberté de circulation dans l'espace Schengen.

Les nationalités non soumises à visa (liste commune établie par les pays membres) peuvent circuler sur le territoire Schengen pendant une période de 3 mois au maximum. Dans tous les cas, l'entrée de l'étranger sur le territoire Schengen est matérialisée par l'apposition sur le document de voyage d'un cachet qui détermine le point de départ du délai de séjour autorisé.

http://www.ladocumentationfrancaise.fr

D'après ce document administratif, que doivent faire les demandeurs d'un visa Schengen ?

- ❑ **A.** Attester qu'ils ne sont pas à la recherche d'un emploi dans l'Union européenne.
- ❑ **B.** Prouver qu'ils n'ont pas de litiges avec les autorités judiciaires de leur pays.
- ❑ **C.** Posséder un passeport en cours de validité et un certificat d'hébergement.
- ❑ **D.** Bénéficier de moyens financiers suffisants et justifier les raisons de leur séjour.

QUESTION 31

Monsieur le Directeur,

Je vous ai adressé, le 8 janvier dernier, une demande de congé sabbatique à compter du 1er novembre prochain et pour une durée de 9 mois, conformément aux dispositions des articles L.122-32-17 et suivants du Code du travail.

Par un courrier du 2 février, vous me faites part de votre refus au motif que je ne remplirais pas les conditions d'ancienneté requises pour ce type de congé.

J'ai le regret de vous faire savoir que je conteste votre décision. En effet, je remplis les conditions d'ancienneté requises puisque je travaille dans votre entreprise depuis 45 mois et que je possède une expérience professionnelle de 8 années.

Or, le Code du travail stipule que pour pouvoir bénéficier d'un congé sabbatique, le salarié doit remplir une double condition d'ancienneté de trente-six mois, consécutifs ou non, dans l'entreprise et six années d'activité professionnelle antérieure.

Je suis convaincu que ce détail vous aura échappé et que votre refus n'est dû qu'à un malentendu. Je réitère donc ma demande de congé sabbatique pour les dates que je vous ai communiquées dans ma demande du 8 janvier dernier.

Veuillez agréer, Monsieur le Directeur, l'expression de mes salutations distinguées.

Paul DURAND

Quelle raison a été invoquée pour refuser la demande de M. Durand ?

- ❑ **A.** Il ne travaille pas depuis assez longtemps dans l'entreprise.
- ❑ **B.** Il travaille depuis beaucoup trop longtemps dans l'entreprise.
- ❑ **C.** Les dates proposées ne conviennent pas pour ce type de congés.
- ❑ **D.** Il a déjà obtenu un congé sabbatique et ne peut réitérer sa demande.

QUESTION 32

Lucien Neuwirth, pionnier de la contraception, est mort dans la nuit de lundi à mardi à 89 ans, des suites d'une infection pulmonaire, à l'hôpital Rossini-Sainte-Périne à Paris.

Engagé à 16 ans dans la Résistance, député puis sénateur, il avait réussi, dans la France très conservatrice d'avant 1968 à faire adopter en 1967, contre la majorité de son camp politique, la loi autorisant la contraception. Un texte qui valut à cet élu d'être qualifié de « malfaiteur public » sur les bancs du Sénat.

C'est en décembre 1967, après bien des invectives au Parlement, que sa loi relative à la régulation des naissances, dite « loi Neuwirth », est votée : elle autorise la vente exclusive des contraceptifs en pharmacie sur ordonnance médicale, avec autorisation parentale pour les mineures.

Pourquoi ce combat ? « J'ai été élevé par deux femmes exceptionnelles, racontait-il dans une interview enregistrée en 1981 où il apparaît, direct et affable, en compagnie de sa fille et de sa petite-fille. [...] Pour moi, hommes et femmes c'est pareil », ajoute-t-il en soulignant que nombre de ses compagnons de la Résistance ont été agents de liaison ou parachutistes, comme lui, et que plusieurs d'entre elles sont tombées sous les coups de l'ennemi.

D'après http://www.liberation.fr, 26 novembre 2013.

Que nous apprend cet article sur Lucien Neuwirth ?

- ❏ **A.** C'était un homme de conviction qui s'est battu pour défendre ses positions.
- ❏ **B.** C'est grâce à son passé militaire qu'il a trouvé la force d'affronter ses pairs.
- ❏ **C.** Il lui aura fallu des années de négociations pour faire changer la législation.
- ❏ **D.** La lutte dans laquelle il s'est engagé a mené à son exclusion du gouvernement.

QUESTION 33

À la fois graphiste et journaliste, le directeur artistique du quotidien espagnol *La Vanguardia* (Barcelone) publie régulièrement un éditorial sous forme d'infographie. Il explore souvent les possibilités de mise en forme des données et des statistiques pour illustrer une réflexion, un point de vue... voire pour dénoncer l'absurdité qui consiste à tout traduire par des statistiques. Il s'intéresse ici aux liens étroits qui peuvent se tisser entre la technologie et la jalousie, et les illustre à l'aide d'un exemple personnel. Les textos jouent ici le même rôle que les échanges épistolaires : ils sont un moyen de se remémorer la passion. Selon l'une des nombreuses données statistiques auxquelles nous avons accès aujourd'hui, nombre d'entre nous fouillent dans le portable de leur partenaire pour y dénicher des preuves d'infidélité. Ce comportement ne devrait pas nous étonner : la curiosité est innée chez l'être humain, contrairement au respect de la vie privée. Pour trouver, il faut chercher, mais il faut aussi avoir quelque chose à trouver. Or ces mêmes statistiques en témoignent : on trouve. Pourquoi laisser à la portée de celui ou celle à qui l'on a juré fidélité les preuves du mensonge alors qu'il est si facile de les faire disparaître ?

Jaime Serra, *Courrier international*, n° 1180, 18 juin 2013.

Que nous apprend cet article ?

- ❏ **A.** La technologie nous permet de faire autrement ce qui nous faisions déjà.
- ❏ **B.** Les statistiques prouvent que les personnes sont plus fidèles qu'auparavant.
- ❏ **C.** Il existe une tendance du retour aux moyens de communication traditionnels.
- ❏ **D.** Nos comportements amoureux ont été bouleversés par la technologie.

Entraînement

QUESTION 34

Sainte-Rose-du-Nord est un pays étonnant. Tout monte et descend dans ce morceau de terre. Même que le village québécois s'appelait jadis « la descente des femmes ».

Il offre des points de vue qui donnent envie de se précipiter sur des pinceaux et de mettre de la couleur partout.

L'Auberge du Presbytère nous attendait, chambre des vicaires. La plus humble, tout en haut de l'escalier, à droite. Sébastien Granet et Hélène Lavoie, la cheffe, nous ont accueillis malgré un autobus de visiteurs qui ripaillaient.

Un temps pour écrire, se calmer. Le soleil aplatissait le chemin du Quai à grands coups de langue ! Nous avions une petite place sur la terrasse. Un point de vue unique sur le fjord du Saguenay. Dommage ces fils et ces poteaux qui balafrent le décor. Comme des griffures sur un Picasso. Faudrait bannir les fils au pays de Sainte-Rose. Un vrai fléau !

D'après un article de *Cyberpresse*, http://www.lapresse.ca

De quoi se plaint l'auteur de cet article ?

- ❏ **A.** De l'isolement de ce village.
- ❏ **B.** De rien en particulier.
- ❏ **C.** Des installations électriques.
- ❏ **D.** Du bruit que font les touristes.

 Niveau **C2**

QUESTION 35

La sécheresse que connaît actuellement la France ne résulte pas seulement d'une météorologie défavorable mais découle aussi d'une politique de l'eau « *archaïque* ». Telle est l'analyse de l'Union fédérale des consommateurs (UFC-Que choisir), qui a demandé, mardi 9 août, en dévoilant une synthèse sur le sujet, une profonde inflexion dans la gestion des ressources disponibles. « *Il est désormais établi que l'eau devient une ressource rare en France. Il est donc plus que temps d'en finir avec la politique des restrictions d'eau de dernière minute* », plaide l'association.

Le Monde, 9 août 2005.

Que dénonce cet article ?

- ❑ **A.** La surconsommation de l'eau en période de sécheresse.
- ❑ **B.** Les mauvaises prévisions des spécialistes en météorologie.
- ❑ **C.** La défaillance des mesures prises par les autorités.
- ❑ **D.** La malchance que connaît la France depuis plusieurs étés.

QUESTION 36

Monsieur le Directeur,

Nous accusons réception de votre courrier du 22 juin dernier et nous vous en remercions. Nos services ont apporté une attention toute particulière à vos commentaires concernant les conditions dans lesquelles vous avez été accueilli par nos services.

Les personnes concernées ont été alertées sur les problèmes que vous avez rencontrés. Cependant, la responsable du service nous a confirmé que les conditions d'accueil et de délivrance de vos documents administratifs ont été respectées selon les normes établies par notre ministère.

Je peux vous assurer que nos services, sur le territoire national, sous tous placés sous la responsabilité de notre ministère qui s'assure de la qualité des services que nous délivrons.

Dans l'espoir que notre administration gardera votre confiance, je vous prie de croire, Monsieur, en l'expression de mes meilleurs sentiments.

Jean-Paul LANGLOIS
Receveur principal

Quelle est l'information principale que livre ce courrier ?

- ❑ **A.** Le destinataire est invité à accepter les excuses de l'administration.
- ❑ **B.** Le destinataire est informé du traitement de sa demande.
- ❑ **C.** Le destinataire est invité à réitérer sa demande.
- ❑ **D.** Le destinataire est soupçonné de s'être mal comporté.

QUESTION 37

À Paris, première ville touristique au monde, sur le parvis de Notre-Dame, la file des touristes s'allonge alors qu'un seul guichet est ouvert. Pour visiter les tours de la cathédrale, il faut patienter quarante bonnes minutes le matin et près de deux heures et demie à la mi-journée. Toutes les dix minutes, vingt personnes sont autorisées à gravir l'escalier en colimaçon. En haut des tours, il n'est pas conseillé de s'attarder trop longtemps devant le panorama parisien. En bas, les touristes de toutes les nationalités s'impatientent au milieu des revendeurs à la sauvette. «On a déjà attendu plus d'une heure à la tour Eiffel...», regrette un couple belge avant de renoncer. Deux New-Yorkaises trouvent que, même si « ça vaut le coup », il y a encore du chemin à faire pour recevoir de façon efficace les visiteurs.

D'après http://www.patrimoniosos.it

Que dénonce l'auteur de cet article ?

- ❏ **A.** Le mauvais accueil réservé aux touristes.
- ❏ **B.** Les critiques émises par les touristes.
- ❏ **C.** La trop grande affluence touristique.
- ❏ **D.** Le tourisme culturel de masse.

QUESTION 38

Une large majorité de Français est favorable à la modification du calcul de la retraite des fonctionnaires dans le cadre de la réforme en préparation, selon un sondage publié vendredi. Trois Français sur quatre (75 %) sont favorables à ce que les pensions des fonctionnaires soient calculées sur les salaires des dix dernières années et non plus des six derniers mois comme aujourd'hui, contre 25 dans le privé. Cette option ferait partie des pistes du rapport sur l'avenir des retraites qui doit être officiellement remis la semaine prochaine et sur lequel va s'appuyer le gouvernement pour sa réforme prévue d'ici la fin de l'année. Selon le sondage, 86 % des salariés du privé sont d'accord avec cette mesure contre 43 % des salariés du public. 66 % des sympathisants de gauche y sont favorables contre 82 % des sympathisants de droite.

D'après un article paru sur le site Internet *L'Expansion-L'express*
http://lexpansion.lexpress.fr

Que préconise le rapport sur l'avenir des retraites ?

- ❏ **A.** Une harmonisation du mode de calcul pour tous les salariés.
- ❏ **B.** Une indemnisation fixe par tranche d'années travaillées.
- ❏ **C.** Une réduction des écarts entre les secteurs public et privé.
- ❏ **D.** Une revalorisation du montant des primes de retraite.

Compréhension ÉCRITE

QUESTION 39

> Grands Dieux ! Que suis-je devenu ? Quel droit avez-vous, vous tous, d'encombrer ma vie, de me voler mon temps, de sonder mon âme, de sucer mes pensées, de m'avoir pour compagnon, pour confident, pour bureau d'information ? Pour quoi me prenez-vous ? Suis-je un amuseur stipendié, dont on exige tous les soirs qu'il joue une farce intellectuelle sous vos nez imbéciles ? Suis-je un esclave, acheté et dûment payé, pour ramper sur le ventre devant ces fainéants que vous êtes, et étendre à vos pieds tout ce que je fais et tout ce que je sais ? […]
> Je suis un homme qui voudrait vivre une vie héroïque et rendre le monde plus supportable à ses propres yeux. Si, dans quelque moment de faiblesse, de détente, de besoin, je lâche de la vapeur – un peu de colère brûlante dont la chaleur tombe avec les mots – rêve passionné, enveloppé des langes de l'image – eh ! bien, prenez ou laissez... mais ne m'embêtez pas !
>
> Henry Miller, *Tropiques du Cancer,* 1934.

Quel est le sentiment exprimé par l'auteur ?

- ❏ **A.** Il clame son besoin de reconnaissance intellectuelle dans un monde d'ignorance.
- ❏ **B.** Il fustige les conséquences de la popularité qu'il a acquise et qui le privent de liberté.
- ❏ **C.** Il regrette amèrement d'avoir été catalogué dans un registre littéraire qu'il méprise.
- ❏ **D.** Il supplie la société bien-pensante de le laisser exprimer ses idées les plus sombres.

QUESTION 40

> Le marquis la reçut de mauvaise grâce, debout dans le vestibule, et mit un certain temps à comprendre ce qu'elle voulait car c'était une femme aux mots remâchés et aux circonlocutions amphigouriques. Elle tournait tant autour du pot et plus encore, que le marquis perdit patience.
> – Si vous voulez me dire quelque chose, arrêtez ce galimatias, lança-t-il.
> – Une épidémie de rage nous menace, dit Sagunta, et je suis la seule à posséder les pains de Saint-Hubert, patron des chasseurs et guérisseur des enragés.
> – Je ne vois nul signe d'épidémie, répondit le marquis. Que je sache, on n'a annoncé ni comètes ni éclipses et nos fautes ne sont pas si grandes que Dieu doive s'occuper de nous.
>
> Gabriel Garcia Marquez, *De l'amour et autres démons,* 1994.

De quoi le marquis est-il prévenu ?

- ❏ **A.** D'une catastrophe climatique.
- ❏ **B.** D'une calamité cosmique.
- ❏ **C.** D'une maladie terrible.
- ❏ **D.** D'une malédiction divine.

Expression ÉCRITE

L'épreuve d'expression écrite ///

L'épreuve d'expression écrite du TCF est facultative mais elle est exigée par certaines universités, grandes écoles [Sciences Po Paris...] ou employeurs [Commission européenne...]. Nous vous recommandons vivement de consulter le site Internet de l'établissement ou de l'institution que vous souhaitez intégrer pour connaître les épreuves qui sont exigées.

L'épreuve d'expression écrite est optionnelle pour les candidats au TCF pour le Québec. Elle peut rapporter 1 point supplémentaire (pour les candidats ayant obtenu le niveau B2 minimum).

L'épreuve d'expression écrite spécifique du TCF pour la Demande d'admission préalable (TCF DAP) est obligatoire. Pour plus d'information sur cette épreuve, consultez la page 82 de cet ouvrage.

L'épreuve d'expression écrite :
- dure 60 minutes ;
- est composée de 3 tâches de niveaux de difficulté croissants ;
- est une épreuve collective ;
- existe sur support papier et sur ordinateur.

Pendant votre épreuve d'expression écrite, le surveillant va :
- vous accueillir ;
- vous expliquer comment va se dérouler l'épreuve ;
- vous donner les consignes de passation ;
- vous fournir votre livret nominatif et du papier brouillon.

Pour cette épreuve, nous vous recommandons très fortement :

– de bien respecter les consignes générales (inscrites sur la première page de votre livret) et les consignes pour chaque tâche :

- réaliser les tâches (exercices) dans l'ordre et ne pas laisser une tâche non réalisée entre deux tâches. Ne faites pas, par exemple, la tâche 3 si vous n'avez pas fait la tâche 2 ;
- si vous n'êtes pas certain de pouvoir faire toutes les tâches, assurez-vous d'avoir respecté cet ordre. Ainsi, nous vous déconseillons vivement de commencer des bouts de tâches sans les terminer ou de réaliser la tâche 2 sans avoir réalisé la tâche 1. Il est préférable de rédiger les deux premières tâches correctement que les trois tâches à moitié ;
- de bien respecter le nombre de mots minimum et maximum exigés pour chaque tâche (indiqué sur le livret : *le nombre de mots est...*). Au TCF, un mot est égal à tout ensemble de signes placé entre deux espaces : *c'est-à-dire* = 1 mot ; *à la plage* = 3 mots ; *je n'aime pas ça* = 4 mots.

> Si ces consignes ne sont pas respectées, votre copie ne sera pas corrigée et la mention « *Consignes non respectées* » figurera sur votre attestation de résultats.

– de bien gérer votre temps. Vous avez 60 minutes pour réaliser les trois tâches. Utilisez le brouillon intelligemment afin de ne pas être obligé de tout recopier sur votre livret 10 minutes avant la fin de l'épreuve. Essayez de garder quelques minutes pour pouvoir relire l'ensemble de votre production. L'objectif d'une relecture est principalement de repérer les petites erreurs : orthographe, accents, ponctuation...

– d'écrire lisiblement et assez gros pour ne pas être pénalisé au moment de la correction ;

– de faire appel à votre vécu, votre expérience. Utilisez votre mémoire et pensez à des situations que vous avez connues ou des événements que vous avez vécus pour illustrer vos réponses ;

– de faire appel à votre imagination. Si vous n'avez pas de souvenirs précis, imaginez-les ! On ne vous jugera pas sur le contenu de vos réponses mais sur leur précision, leur correction et leur adéquation (attention au hors-sujet !) à la question qui vous est posée. Personne n'ira vérifier si que ce vous dites est vrai ou faux ;

– d'éviter tous propos blessants, discriminants, racistes ou sexistes.

Niveau A1

CAPACITÉS GÉNÉRALES EXIGÉES

Au niveau A1[1], le candidat peut comprendre et utiliser des expressions familières et quotidiennes ainsi que des énoncés très simples qui visent à satisfaire des besoins concrets. Il peut se présenter ou présenter quelqu'un et poser à une personne des questions la concernant – par exemple, sur son lieu d'habitation, ses relations, ce qui lui appartient, etc. – et peut répondre au même type de questions. Il peut communiquer de façon simple si l'interlocuteur parle lentement et distinctement et se montre coopératif.

Niveau A2

CAPACITÉS GÉNÉRALES EXIGÉES

Au niveau A2[2], le candidat peut comprendre des phrases isolées et des expressions fréquemment utilisées en relation avec des domaines immédiats de priorité (par exemple, informations personnelles et familiales simples, achats, environnement proche, travail). Il peut communiquer lors de tâches simples et habituelles ne demandant qu'un échange d'informations simple et direct sur des sujets familiers et habituels. Il peut décrire avec des moyens simples sa formation, son environnement immédiat et évoquer des sujets qui correspondent à des besoins immédiats.

---

1 et 2. Échelle globale du Cadre européen commun de référence pour les langues.

L'épreuve d'expression écrite

Niveau B1

CAPACITÉS GÉNÉRALES EXIGÉES

Au niveau B1[3], le candidat peut comprendre les points essentiels quand un langage clair et standard est utilisé et s'il s'agit de choses familières dans le travail, à l'école, dans les loisirs, etc. Il peut se débrouiller dans la plupart des situations rencontrées en voyage dans une région où la langue cible est parlée. Il peut produire un discours simple et cohérent sur des sujets familiers et dans ses domaines d'intérêt. Il peut raconter un événement, une expérience ou un rêve, décrire un espoir ou un but et exposer brièvement des raisons ou explications pour un projet ou une idée.

Niveau B2

CAPACITÉS GÉNÉRALES EXIGÉES

Au niveau B2[4], le candidat peut comprendre le contenu essentiel de sujets concrets ou abstraits dans un texte complexe, y compris une discussion technique dans sa spécialité. Il peut communiquer avec un degré de spontanéité et d'aisance tel qu'une conversation avec un locuteur natif ne comportant de tension ni pour l'un ni pour l'autre. Il peut s'exprimer de façon claire et détaillée sur une grande gamme de sujets, émettre un avis sur un sujet d'actualité et exposer les avantages et les inconvénients de différentes possibilités.

Niveau C1

CAPACITÉS GÉNÉRALES EXIGÉES

Au niveau C1[5], le candidat peut comprendre une grande gamme de textes longs et exigeants, ainsi que saisir des significations implicites. Il peut s'exprimer spontanément et couramment sans trop apparemment devoir chercher ses mots. Il peut utiliser la langue de façon efficace et souple dans sa vie sociale, professionnelle ou académique. Il peut s'exprimer sur des sujets complexes de façon claire et bien structurée et manifester son contrôle des outils d'organisation, d'articulation et de cohésion du discours.

Niveau C2

CAPACITÉS GÉNÉRALES EXIGÉES

Au niveau C2[6], le candidat peut comprendre sans effort pratiquement tout ce qu'il lit ou entend. Il peut restituer faits et arguments de diverses sources écrites et orales en les résumant de façon cohérente. Il peut s'exprimer spontanément, très couramment et de façon précise et peut rendre distinctes de fines nuances de sens en rapport avec des sujets complexes.

3, 4, 5 et 6. Échelle globale du Cadre européen commun de référence pour les langues.

Tâche 1

NIVEAU MINIMAL REQUIS : A1

Pour cette tâche, vous serez évalué sur votre capacité à :
- décrire une personne, un lieu ou une situation ;
- exprimer simplement des goûts ;
- répondre à une invitation ;
- raconter un événement ;
- formuler des projets de loisirs ou d'études à très court terme ;
- utiliser les temps du présent de l'indicatif et/ou du futur simple, et/ou du passé composé ;
- utiliser certains adjectifs qualificatifs ;
- conjuguer correctement certains verbes réguliers (verbes du 1er groupe) et certains verbes irréguliers (3e groupe) très utilisés (*avoir, être, faire, prendre, boire, voire, devoir, prendre, aller, partir...*) ;
- utiliser certains adjectifs qualificatifs et certains adverbes ;
- faire des phrases simples et de très courtes phrases complexes (*je crois que...*)...

FORMAT DE LA TÂCHE

Rédaction d'un message (avec ou sans document déclencheur) à l'intention d'un ou plusieurs destinataires, dont le statut a été précisé dans la consigne, pour décrire, raconter et/ou expliquer un fait personnel.

Nombre de mots attendus : **60 mots minimum et 120 mots maximum.**

Tâche 2

NIVEAU MINIMAL REQUIS : B1

Pour cette tâche, vous serez évalué sur votre capacité à :
- donner un avis ou une opinion, illustrer avec des exemples ;
- fournir des explications ;
- conseiller, déconseiller ;
- argumenter, justifier ;
- clarifier et/ou nuancer vos propos ;
- convaincre vos interlocuteurs ;
- structurer votre discours en organisant vos idées et en utilisant des connecteurs simples et complexes ;
- utiliser les temps de l'indicatif (présent, futur simple et proche, passé composé, imparfait, plus-que-parfait), du conditionnel (présent, passé) et/ou du subjonctif (présent, passé) ;
- conjuguer correctement tous les verbes réguliers (verbes du 1er groupe et du 2e groupe) et la plupart des verbes irréguliers (3e groupe : *avoir, être, faire, prendre, boire, voire, devoir, prendre, aller, partir, lire, recevoir, attendre, comprendre, naître, mourir, courir, savoir...*) ;
- utiliser une assez grande variété d'adjectifs qualificatifs et d'adverbes ;
- faire des phrases complexes avec des pronoms relatifs simples (*qui, que, dont, où*), des pronoms disjoints (*moi, toi, lui, elle, nous, vous, eux, elles*), des locutions conjonctives (*que*), des indicateurs temporels (*autrefois, actuellement, à l'avenir*)...

FORMAT DE LA TÂCHE

Rédaction d'un article, d'un courrier, d'une note... (avec ou sans document déclencheur) à l'intention de plusieurs destinataires pour faire un compte rendu d'expérience ou un récit incluant l'expression de réactions justifiées, ou pour exposer une opinion, en fonction d'un objectif (*revendiquer, se réconcilier...*)

Nombre de mots attendus : **120 mots minimum et 150 mots maximum.**

Tâches

NIVEAU MINIMAL REQUIS : B1

Pour cette tâche, vous serez évalué sur votre capacité à :

- donner votre opinion, argumenter, justifier, clarifier et/ou nuancer vos propos, convaincre vos interlocuteurs, relancer la discussion, apporter des compléments d'informations, illustrer vos propos à l'aide d'exemples ;
- structurer votre discours en regroupant vos idées et en utilisant des connecteurs ;
- utiliser les temps et les modes ;
- conjuguer correctement tous les verbes réguliers (verbes du 1er groupe et du 2e groupe) et les verbes irréguliers (3e groupe) ;
- utiliser une assez grande variété d'adjectifs qualificatifs et d'adverbes (maîtrise des nuances et connaissance d'un nombre important de synonymes et d'antonymes) ;
- maîtriser la phrase complexe...

FORMAT DE LA TÂCHE

Rédaction d'un texte (pour un journal, un site Internet, un collègue, un supérieur hiérarchique...) qui compare deux points de vue portant sur un fait de société exprimés dans deux documents courts et simples (90 mots maximum) avec une prise de position sur le thème traité dans les deux documents.

Nombre de mots attendus : **120 mots minimum et 180 mots maximum** (soit entre 40 et 60 mots pour la première partie de la tâche et entre 80 et 120 mots pour la deuxième partie de la tâche).

Cette tâche comporte deux documents d'environ 90 mots chacun et une consigne.

Exemple de consigne :

Sur un site Internet dédié à la santé, vous avez lu les deux opinions ci-dessous au sujet de l'alimentation.

Vous écrivez un court article que vous voulez faire paraître dans le journal de votre association francophone. Votre article comprend deux parties :
- dans la première partie, vous présentez les deux opinions avec vos propres mots (entre 40 et 60 mots) ;
- dans la deuxième partie, vous donnez votre position sur le thème général, commun à ces deux opinions (entre 80 et 120 mots).

Tâche 1

SUJET 1

Vous envoyez un courriel à votre ami pour l'inviter à dîner chez vous.
Vous lui donnez votre adresse et l'heure de rendez-vous.

SUJET 2

Vous envoyez un courriel à votre médecin pour annuler votre prochain rendez-vous.
Vous lui donnez la raison et vous présentez vos excuses.

SUJET 3

Vous ne pouvez pas aller au bureau. Vous envoyez un courriel à votre patron.
Vous lui donnez la raison et vous présentez vos excuses.

SUJET 4

Vous cherchez un appartement. Vous écrivez une petite annonce sur un site Internet.
Vous décrivez l'appartement que vous souhaitez (taille, lieu, prix, date...).

SUJET 5

Vous cherchez un travail. Vous écrivez une petite annonce sur un site Internet.
Vous parlez de votre expérience et de vos diplômes.

SUJET 6

Vous écrivez un courriel à tous vos amis pour les inviter à votre anniversaire. Vous leur
donnez votre adresse, l'heure de rendez-vous et leur dites ce qu'ils doivent apporter.

SUJET 7

Vous avez passé une très bonne soirée chez vos amis hier. Vous leur envoyez un courriel
pour les remercier et leur dire pourquoi vous avez passé un bon moment.

SUJET 8

Votre télévision ne fonctionne plus. Vous envoyez un message au service technique
du magasin. Vous expliquez votre problème et demandez une assistance technique.

SUJET 9

Votre collègue de travail est malade depuis plusieurs jours. Vous lui envoyez un courriel pour prendre de ses nouvelles. Vous donnez également des nouvelles du bureau.

SUJET 10

Vous souhaitez aller en vacances chez votre ami(e) qui habite loin de chez vous. Vous lui envoyez un message. Vous lui demandez si vous pouvez aller chez lui/elle. Vous lui donnez vos dates.

Tâche 2

SUJET 11

Vous avez fait un voyage dans un pays étranger. Vous racontez ce que vous avez fait sur un site Internet spécialisé dans les voyages. Vous donnez aussi des conseils aux personnes qui seraient intéressées par cette même destination.

SUJET 12

Hier, vous avez célébré la fête la plus importante de votre pays d'origine avec toute votre famille. Vous écrivez un courriel à vos amis français pour leur décrire cette fête, leur raconter l'événement d'hier et leur faire part de vos sentiments.

SUJET 13

Vous êtes allé au cinéma hier avec votre famille. Vous écrivez un courriel à votre ami(e). Vous lui racontez votre soirée et le film. Vous lui dites si vous avez aimé ou pas. Vous en donnez les raisons. Vous lui conseillez, ou pas, d'aller le voir.

SUJET 14

Hier, vous avez eu un problème à votre travail/à l'université avec votre patron/ enseignant. Vous écrivez un courriel à votre ami(e). Vous lui racontez ce qui s'est passé, comment vous avez réagi et comment vous vous sentez face à cette situation. Vous lui demandez conseil.

SUJET 15

Votre ami francophone veut visiter votre pays. Vous lui envoyez un courriel pour lui donner des conseils pratiques (moyen de transport, hôtels, meilleure saison pour voyager...). Vous lui proposez aussi un programme afin qu'il visite les endroits qui vous semblent les plus importants.

SUJET 16

Votre patron vous a proposé un nouveau poste de travail avec plus de responsabilités au sein de l'entreprise où vous travaillez. Vous lui envoyez un courriel pour le remercier de sa proposition et pour lui donner votre réponse. Vous justifiez également votre décision.

SUJET 17

Vous deviez remettre un travail à votre professeur/formateur à une date précise mais vous n'avez pas pu respecter votre engagement. Vous écrivez un courriel à votre professeur/formateur pour lui annoncer la nouvelle, lui en expliquer les raisons et lui présenter vos excuses. Vous demandez un délai supplémentaire.

SUJET 18

Vous intervenez sur le site Internet de la mairie de votre ville, très engagée pour le respect de l'environnement. Vous écrivez un article pour donner votre opinion sur la mise en place des vélos publics en libre-service. Vous donnez votre avis sur cette initiative, sur ces avantages et/ou ses désavantages.

SUJET 19

Vous avez assisté, hier soir, à un programme télévisé qui vous a particulièrement choqué. Vous écrivez un message sur le site Internet de la chaîne de télévision qui l'a diffusé. Vous dites de quel programme il s'agissait, décrivez ce qui vous a dérangé et donnez votre sentiment à ce sujet.

SUJET 20

Votre collègue de travail est malade depuis plus de deux semaines. On vous a demandé de vous occuper de ses dossiers. Votre situation est de plus en plus difficile en raison d'une grande charge de travail. Vous écrivez un courriel à votre chef pour lui décrire la situation, lui expliquer comment vous vous sentez et pour lui demander de trouver une solution.

SUJET 21

Sur un site Internet dédié à la santé, vous avez lu les deux opinions ci-dessous. Vous écrivez un court article que vous voulez faire paraître dans le journal de votre association francophone. Votre article comprend deux parties :

- dans la première partie, vous présentez les deux opinions avec vos propres mots (entre 40 et 60 mots) ;
- dans la deuxième partie, vous donnez votre position sur le thème général, commun à ces deux opinions (entre 80 et 120 mots).

Une enquête réalisée auprès de 1 100 personnes âgées de 18 à 64 ans révèle que nous sommes de plus en plus sédentaires… surtout les adolescents !

Nous ne marchons pas assez, nous restons trop longtemps assis ! L'Organisation mondiale de la Santé préconise de faire un minimum de 10 000 pas par jour pour rester en forme. 75 % des Français ne marchent pas assez. En moyenne, les 18-64 ans ont marché l'équivalent de 8 184 pas par jour en 2014. Et en plus, nous faisons de moins en moins de sport : seulement 1 personne sur 2 pratiquerait un sport, une fois par semaine pendant 3 quarts d'heure.

D'après http://www.geoado.com/actualites/sport-marche-france-jeunes-87908

Des chercheurs ont testé 25 millions de jeunes âgés de 9 à 17 ans de 28 pays différents. Les résultats sont sans appel : les jeunes courent moins vite et sont moins endurants que leurs parents au même âge ! Les scientifiques ont fait passer deux épreuves à ces jeunes : la première consistait à mesurer la distance parcourue pendant un temps donné, la seconde combien de temps ils mettaient pour parcourir une distance donnée. De génération en génération, les résultats n'ont cessé de chuter dans chacune de ces deux épreuves.

D'après http://www.geoado.com/actualites/sciences-vous-courez-de-moins-en-moins-vite-97407

Sur un site Internet dédié à la santé, vous avez lu les deux opinions ci-dessous. Vous écrivez un court article que vous voulez faire paraître dans le journal de votre association francophone. Votre article comprend deux parties :

- dans la première partie, vous présentez les deux opinions avec vos propres mots (entre 40 et 60 mots) ;
- dans la deuxième partie, vous donnez votre position sur le thème général, commun à ces deux opinions (entre 80 et 120 mots).

Une nouvelle étude scientifique semble enfin éliminer le doute : utilisé à haute dose, le téléphone portable peut entraîner des tumeurs au cerveau...

Jusqu'à maintenant, c'est le doute qui dominait : les études n'écartaient pas le risque d'un danger de l'utilisation à haute dose des téléphones portables. Mais aucune n'affirmait que ce danger était certain. Mais des chercheurs de l'université de Bordeaux ont mené une enquête qui, elle, démontre le lien entre tumeurs cancéreuses et utilisation intensive du portable. Ils ont ainsi interrogé des centaines de personnes atteintes de tumeurs sur leur pratique du téléphone.

D'après http://www.geoado.com/actualites/accros-du-portable-attention-69611

La recherche a déjà montré les effets inquiétants des ondes de téléphones portables sur le cerveau et des risques accrus de développer des cancers. Mais les travaux actuels n'ont encore abouti qu'à des conclusions partielles : seul le temps permettra de prendre la mesure des dangers des rayonnements électromagnétiques. D'ailleurs, les nombreuses études menées actuellement sur les ondes que dégagent les mobiles sont sujettes à polémique. Des doutes pèsent en effet le plus souvent sur l'indépendance des experts, en raison du financement des recherches.

D'après http://www.protection-ondes.com/

SUJET 23

Sur un site Internet dédié à l'actualité, vous avez lu les deux opinions ci-dessous. Vous écrivez un court article que vous voulez faire paraître dans le journal de votre association francophone. Votre article comprend deux parties :

- dans la première partie, vous présentez les deux opinions avec vos propres mots (entre 40 et 60 mots) ;
- dans la deuxième partie, vous donnez votre position sur le thème général, commun à ces deux opinions (entre 80 et 120 mots).

Samedi 10 mai, l'Autriche a remporté le concours de l'Eurovision 2014 grâce à Conchita Wurst, un travesti à barbe. Une victoire qui déchaîne les passions…

Une fine silhouette moulée dans une longue robe à paillettes, une chevelure brune qui tombe en cascade, des yeux de biche… et une barbe parfaitement taillée ! C'est ainsi que 185 millions d'Européens de 45 pays ont découvert le/la candidat(e) autrichien(ne) samedi soir. Tom Neuwirth, tel est le vrai nom de ce jeune chanteur de 25 ans, qui milite pour la tolérance et la différence. Né dans une petite ville autrichienne, Tom avoue avoir souffert de sa différence.

D'après http://www.geoado.com/ actualites/eurovision-victoire-conchita-wurst-90072

Après l'Australie, l'Inde a reconnu l'existence d'un 3ᵉ genre. Certains de ses habitants pourront légalement se revendiquer ni homme ni femme, mais neutre.

La Cour suprême indienne vient de reconnaître que certaines personnes pouvaient appartenir à un 3ᵉ genre (un 3ᵉ sexe) : neutre. Au premier abord, cela peut sembler bizarre, car nous naissons tous fille ou garçon. Mais en vérité, ce n'est pas si simple… Il arrive qu'un homme, bien que né dans un corps d'homme, ne se sente pas homme ; ou qu'une femme, bien que possédant un corps de femme, ne se sente pas femme. D'autres encore présentent à la fois des caractéristiques sexuelles féminines et masculines. Ces personnes sont transgenres.

D'après http://www.geoado.com/ actualites/inde-genre-neutre-18775

SUJET 24

Sur un site Internet dédié à l'actualité, vous avez lu les deux opinions ci-dessous. Vous écrivez un court article que vous voulez faire paraître dans le journal de votre association francophone. Votre article comprend deux parties :

- dans la première partie, vous présentez les deux opinions avec vos propres mots (entre 40 et 60 mots) ;
- dans la deuxième partie, vous donnez votre position sur le thème général, commun à ces deux opinions (entre 80 et 120 mots).

Le constructeur automobile Toyota a annoncé vouloir « réhumaniser » ses usines, en embauchant des ouvriers à la place des robots industriels. La revanche de l'homme sur la machine ?

On imagine souvent, dans le futur, des robots partout autour de nous. Et il y a déjà plusieurs dizaines d'années que des « robots industriels » (des bras mécaniques automatisés) travaillent dans les usines, par exemple pour assembler des pièces de voiture ou peindre des carrosseries. Certains jugent que ces machines prennent le travail d'ouvriers humains, qui se retrouvent ainsi au chômage.

D'après http://www.geoado.com/actua-lites/japon-des-humains-pour-remplacer-les-robots-91855

C'est sûrement l'un des moments les plus attendus d'Innorobo, le salon de la robotique qui s'ouvre ce mardi matin à Lyon. Pour la première fois, l'entreprise française Aldebaran Robotics va exposer Romeo, cet humanoïde de 1,40 m présenté comme « un véritable assistant et compagnon personnel » pour les personnes âgées. Si cet androïde est loin de ressembler aux robots de la série suédoise « Real Humans », il est tout de même capable de marcher, de voir en trois dimensions et de parler. Avec ses 40 kg, ce robot en fibre de carbone et en caoutchouc pourrait même bientôt ouvrir des portes et poser des objets sur une table.

D'après http://www.lefigaro.fr/secteur/high-tech/2014/03/18/01007-20140318ARTFIG00108-romeo-le-ro-bot-humanoide-made-in-france-devoile-pour-la-premiere-fois.php

Sur un site Internet dédié à l'actualité, vous avez lu les deux opinions ci-dessous. Vous écrivez un court article que vous voulez faire paraître dans le journal de votre association francophone. Votre article comprend deux parties :

- dans la première partie, vous présentez les deux opinions avec vos propres mots (entre 40 et 60 mots) ;
- dans la deuxième partie, vous donnez votre position sur le thème général, commun à ces deux opinions (entre 80 et 120 mots).

La discrimination positive, c'est quoi ?

Au départ, la discrimination, ce n'est pas vraiment une bonne chose. Discriminer des gens, c'est les traiter moins bien que les autres à cause de leur origine, leur sexe, leur religion, leurs idées, leur apparence physique... La discrimination positive, c'est toujours traiter des gens de manière différente, mais cette fois en mieux. Il s'agit de leur offrir certains avantages (places dans de grandes écoles ou universités, emplois, etc.) afin qu'ils puissent rattraper un retard que la discrimination leur avait fait prendre. La discrimination positive sert, en quelque sorte, à réparer les injustices provoquées par la discrimination.

D'après http://www.geoado.com/actualites/usa-fin-discrimination-positive-12109

Pour certains, une politique de discrimination positive est justifiée, car elle permet d'égaliser la façon dont la légitimité d'un groupe ou d'un autre à occuper n'importe quel poste ou niveau social est perçue. Elle permet donc d'en finir avec les idées qui entretiennent l'exclusion sociale. Ils pensent que ces lois sont un moyen, qu'elles sont temporaires et qu'elles ne font pas partie des lois d'une société idéale. D'autres contestent ces mesures, qu'ils jugent inefficaces et discriminatoires envers le groupe considéré comme dominant, qui se retrouve défavorisé par les mesures de discrimination positive.

D'après http://fr.wikipedia.org/wiki/Discrimination_positive

SUJET 26

Sur un site Internet dédié à l'actualité, vous avez lu les deux opinions ci-dessous.
Vous écrivez un court article que vous voulez faire paraître dans le journal de votre
association francophone. Votre article comprend deux parties : ///

- dans la première partie, vous présentez les deux opinions avec vos propres mots (entre 40 et 60 mots) ;
- dans la deuxième partie, vous donnez votre position sur le thème général, commun à ces deux opinions (entre 80 et 120 mots).

Selon une étude, le français sera la langue la plus parlée dans le monde d'ici à 36 ans.

Le français sera-t-il plus parlé que l'anglais dans quelques décennies ? C'est ce que tend à prouver une étude de la banque Natixis. Aujourd'hui, dans le monde, 220 millions de personnes parleraient le français. Elles devraient être 750 millions en 2050. De plus en plus de personnes parlent le français dans le monde, notamment en Afrique subsaharienne où la démographie est très forte. Les jeunes enfants y apprennent le français à l'école. Aujourd'hui, 32 pays dans le monde ont le français comme langue officielle.

D'après http://www.geoado.com/actualites/
2050-francais-langue-monde-32985

Non, le français ne sera pas la langue la plus parlée en 2050

Contrairement à ce qu'affirme une étude qui a beaucoup circulé, la langue française deviendra la 2e ou 3e langue internationale à l'horizon 2050. Mais le nombre de francophones devrait tripler. En déclin ces dernières décennies, le français, longtemps langue de la diplomatie et de la culture, va-t-il prendre sa revanche sur l'anglais et devenir la langue la plus parlée au monde en 2050 ?

D'après http://www.lexpress.fr/actualite/monde/non-le-francais-ne-sera-pas-la-langue-la-plus-parlee-en-2050_1503412.html

Sur un site Internet dédié à l'actualité, vous avez lu les deux opinions ci-dessous.
Vous écrivez un court article que vous voulez faire paraître dans le journal de votre
association francophone. Votre article comprend deux parties : ///

- dans la première partie, vous présentez les deux opinions avec vos propres mots (entre 40 et 60 mots) ;
- dans la deuxième partie, vous donnez votre position sur le thème général, commun à ces deux opinions (entre 80 et 120 mots).

Les Français jettent environ 590 kg de déchets, par an et par
personne ! Les gouvernements européens ont décidé d'agir
en organisant une semaine de mobilisation contre le gaspillage.

Ce gaspillage est d'autant plus grave que plus de 800 millions de personnes ne mangent pas à leur faim. Cet énorme gâchis pourrait pourtant être réduit par des petits gestes du quotidien. Pour limiter ce gaspillage, plusieurs gouvernements d'Europe (dont la France) ont décidé de mettre en place la SERD, la Semaine européenne de la réduction des déchets. La SERD concerne plus de 23 pays d'Europe, dont la France.

D'après http://www.geoado.com/actualites/stop-au-gaspillage-76320

La Semaine européenne de la réduction des déchets

L'objectif de la Semaine est de sensibiliser les gens à la nécessité de réduire la quantité de déchets générée et mieux agir au quotidien à la maison, au bureau ou à l'école. Le concept de la Semaine est basé sur la prévention des déchets, c'est-à-dire avant que ce dernier ne soit produit. Le meilleur déchet est celui que l'on ne produit pas !

La prévention des déchets, c'est donc agir pour ne pas produire les déchets en consommant mieux (consommation de produits peu emballés, écolabellisés), en produisant mieux (production de produits éco-conçus), en prolongeant la durée de vie des produits (réparation et don) et en jetant moins (compost par exemple) !

D'après http://www.serd.ademe.fr/

SUJET 28

Sur un site Internet dédié à l'actualité, vous avez lu les deux opinions ci-dessous. Vous écrivez un court article que vous voulez faire paraître dans le journal de votre association francophone. Votre article comprend deux parties :

- dans la première partie, vous présentez les deux opinions avec vos propres mots (entre 40 et 60 mots) ;
- dans la deuxième partie, vous donnez votre position sur le thème général, commun à ces deux opinions (entre 80 et 120 mots).

Droit d'asile pour les homosexuels persécutés

La Cour de justice de l'Union européenne – l'institution qui assure le respect du droit en Europe – vient de rendre une décision importante : dorénavant les homosexuels persécutés dans leur pays pourront demander le statut de réfugiés au sein de l'Union européenne, mais sous certaines conditions. Toutes les personnes en mesure de prouver qu'elles subissent des violences dans leur pays en raison de leur race, religion ou appartenances sociales peuvent demander refuge dans l'un des pays de l'Union européenne. C'est ce que l'on appelle le droit d'asile.

D'après http://www.geoado.com/actualites/homosexuels-persecution-30877

Augmentation des demandes d'asile

Les demandes d'asile ne cessent d'augmenter dans l'Union européenne (UE) où, l'an dernier, près de 332 000 demandeurs d'asile ont été enregistrés. Les 27 États membres de l'UE ont accordé la protection à 71 580 demandeurs d'asile, selon les chiffres publiés par Eurostat, contre 59 465 en 2011. Le plus grand nombre de demandeurs d'asile a été enregistré en Allemagne (77 540 demandes, soit près de 24 000 de plus que l'année précédente). Vient ensuite la France (60 560 demandes), la Suède (43 865), le Royaume-Uni (28 175) et la Belgique (28 105).

D'après http://www.touteleurope.eu/actualite/les-demandes-dasile-dans-lunion-europeenne.html

SUJET 29

Sur un site Internet dédié à l'actualité, vous avez lu les deux opinions ci-dessous. Vous écrivez un court article que vous voulez faire paraître dans le journal de votre association francophone. Votre article comprend deux parties :

- dans la première partie, vous présentez les deux opinions avec vos propres mots (entre 40 et 60 mots) ;
- dans la deuxième partie, vous donnez votre position sur le thème général, commun à ces deux opinions (entre 80 et 120 mots).

La mode de la minceur

Les idéaux de beauté varient selon les époques : la femme idéale de l'Antiquité se remarquait par ses hanches pleines et ses seins menus. Dans les années 1960, les stars de cinéma étaient souvent des femmes plantu- reuses. Aujourd'hui, c'est la mode de la minceur, voire la maigreur, qui domine : les mannequins des magazines sont tellement fines qu'elles semblent presque inhu- maines. Mais répétées des mil- lions de fois, leur image finit par exercer une influence, notamment auprès des ados qui cherchent à leur ressembler, quitte à suivre des régimes mauvais pour la santé.

D'après http://www.geoado.com/ actualites/qui-est-mince-89506

Vers un physique plus naturel ?

Avec les défilés qui arrivent, impossible de ne pas être sensi- bilisé par l'extrême maigreur qui règne sur les podiums. Les man- nequins taille XXS sont sur le banc des accusés car on leur reproche d'être à l'origine des troubles alimentaires des nouvelles géné- rations… mais elles sont elles- mêmes victimes du diktat de ces maisons et des publicitaires.

La lutte contre l'anorexie est au- jourd'hui devenue un véritable enjeu. De nombreuses mesures ont été prises par le monde de la mode, les marques, les pou- voirs publics… pour revenir à des physiques plus naturels. Ces mesures sont cependant loin d'être homogènes d'un pays à l'autre.

D'après http://www.marieclaire.fr/ l-anorexie-sur-les-podiums-les-moyens- pour-lutter,20258,13110.asp

SUJET 30

Sur un site Internet dédié à l'actualité, vous avez lu les deux opinions ci-dessous. Vous écrivez un court article que vous voulez faire paraître dans le journal de votre association francophone. Votre article comprend deux parties :

- dans la première partie, vous présentez les deux opinions avec vos propres mots (entre 40 et 60 mots) ;
- dans la deuxième partie, vous donnez votre position sur le thème général, commun à ces deux opinions (entre 80 et 120 mots).

En deux siècles, la population mondiale a été multipliée par 7 pour atteindre les 7,14 milliards d'habitants en 2013. Plus de la moitié de cette population vit dans 6 pays.

Chine, Inde, États-Unis, Indonésie, Brésil, Pakistan : voici dans l'ordre les 6 pays les plus peuplés qui totalisent 3,59 milliards d'habitants. Il n'a fallu que 12 ans, entre 1999 et 2011, pour que la population mondiale passe de 6 à 7 milliards d'habitants. En 2050, elle devrait s'approcher des 10 milliards d'habitants ! À cette époque, l'Inde aura dépassé la Chine pour devenir le pays le plus peuplé du monde avec 1,66 milliard d'habitants (contre 72 millions d'habitants en France en 2050).

D'après http://www.geoado.com/actualites/10-milliards-dhumains-en-2050

La population mondiale atteindra 9,731 milliards d'habitants en 2050 contre 7,141 milliards en 2013, selon l'Institut français d'études démographiques (INED). Il y aura 10 à 11 milliards d'habitants sur la planète à la fin du siècle, selon les projections de l'INED. Le cap des 6 milliards avait été dépassé en 1999, et il aura fallu douze ans pour atteindre les 7 milliards en 2011. Le taux de fécondité mondial est de 2,5 enfants par femme en 2013 – contre 5 en 1950 – avec de fortes disparités régionales.

D'après http://www.lemonde.fr/planete/article/2013/10/02/dix-milliards-d-humains-en-2050-selon-l-ined_3488216_3244.html

Expression
ÉCRITE
pour la Demande d'admission préalable
(TCF DAP)

L'épreuve d'expression écrite DAP

L'épreuve d'expression écrite spécifique du TCF pour la demande d'admission préalable (TCF DAP) est obligatoire.

Attention, pour cette épreuve, le niveau B1 minimum est requis. En dessous de ce niveau, la mention « hors niveau » sera portée sur votre attestation officielle de résultats.

L'épreuve d'expression écrite :
- dure 90 minutes ;
- est composée de 2 exercices ;
- est une épreuve collective ;
- existe sur support papier et sur ordinateur.

Pendant votre épreuve d'expression écrite, le surveillant va :
- vous accueillir ;
- vous expliquer comment va se dérouler l'épreuve ;
- vous donner les consignes de passation ;
- vous fournir votre livret nominatif et du papier brouillon.

Pour cette épreuve, nous vous recommandons très fortement :
– de bien respecter les consignes générales (inscrites sur la première page de votre livret) et les consignes pour chaque exercice :
- réaliser impérativement les deux exercices,
- respecter le nombre de mots minimum exigés pour chaque exercice (indiqué sur le livret). Au TCF, un mot est égal à tout ensemble de signes placé entre deux espaces : *c'est-à-dire* = 1 mot ; *à la plage* = 3 mots ; *je n'aime pas ça* = 4 mots.

> Si ces consignes ne sont pas respectées ou si votre production est hors-sujet, votre copie ne sera pas corrigée et la mention « *Consignes non respectées* » figurera sur votre attestation de résultats.

– **de bien gérer votre temps.** Vous avez 1 h 30 pour réaliser les 2 exercices. Utilisez le brouillon intelligemment afin de ne pas devoir tout recopier sur votre livret 10 minutes avant la fin de l'épreuve. Essayez de garder quelques minutes pour relire l'ensemble de votre production. L'objectif d'une relecture est de repérer les petites erreurs : orthographe, accents, ponctuation…

– **d'écrire lisiblement** pour ne pas être pénalisé au moment de la correction ;

– **de faire appel à votre vécu, votre expérience.** Utilisez votre mémoire et pensez à des situations que vous avez connues ou des événements que vous avez vécus pour illustrer vos réponses ;

– **de faire appel à votre imagination.** Si vous n'avez pas de souvenirs précis, imaginez-les ! On ne vous jugera pas sur le contenu de vos réponses mais sur leur précision, leur correction et leur adéquation (attention toutefois au hors-sujet !) à la question qui vous est posée. Personne n'ira vérifier si ce que vous dites est vrai ou faux ;

– **d'éviter tous propos blessants, discriminants, racistes ou sexistes.**

 Niveau **B1**

CAPACITÉS GÉNÉRALES EXIGÉES

Au niveau B1[1], le candidat peut comprendre les points essentiels quand un langage clair et standard est utilisé et s'il s'agit de choses familières dans le travail, à l'école, dans les loisirs, etc. Il peut se débrouiller dans la plupart des situations rencontrées en voyage dans une région où la langue cible est parlée. Il peut produire un discours simple et cohérent sur des sujets familiers et dans ses domaines d'intérêt. Il peut raconter un événement, une expérience ou un rêve, décrire un espoir ou un but et exposer brièvement des raisons ou explications pour un projet ou une idée.

Pour ce niveau, vous serez évalué sur votre capacité à :
- donner un avis ou une opinion, illustrer avec des exemples ;
- fournir des explications ;
- conseiller, déconseiller ;
- utiliser les temps de l'indicatif (présent, futur simple et proche, passé composé, imparfait), du conditionnel (présent) et/ou du subjonctif (présent) ;
- structurer votre discours en organisant vos idées et en utilisant des connecteurs simples ;
- conjuguer correctement tous les verbes réguliers (verbes du 1er groupe et du 2e groupe) et les verbes irréguliers (3e groupe) les plus utilisés (*avoir, être, faire, prendre, boire, voire, devoir, prendre, aller, partir, lire, recevoir, attendre, comprendre, naître, mourir, courir, savoir…*) ;
- utiliser une variété d'adjectifs qualificatifs et d'adverbes ;
- faire des phrases complexes avec des pronoms relatifs (*qui, que, dont, où*) et des locutions conjonctives (*que*)…

---
1. Échelle globale du Cadre européen commun de référence pour les langues.

L'épreuve d'expression écrite DAP

Niveau B2

CAPACITÉS GÉNÉRALES EXIGÉES

Au niveau B2[2], le candidat peut comprendre le contenu essentiel de sujets concrets ou abstraits dans un texte complexe, y compris une discussion technique dans sa spécialité. Il peut communiquer avec un degré de spontanéité et d'aisance tel qu'une conversation avec un locuteur natif ne comportant de tension ni pour l'un ni pour l'autre. Il peut s'exprimer de façon claire et détaillée sur une grande gamme de sujets, émettre un avis sur un sujet d'actualité et exposer les avantages et les inconvénients de différentes possibilités.

Pour ce niveau, vous serez évalué sur votre capacité à :

- donner votre opinion, argumenter, justifier ;
- clarifier et/ou nuancer vos propos ;
- convaincre vos interlocuteurs ;
- relancer la discussion, apporter des compléments d'informations, illustrer vos propos à l'aide d'exemples ;
- structurer votre discours en regroupant vos idées et en utilisant des connecteurs ;
- utiliser les temps de l'indicatif (présent, futur simple et proche, passé composé, imparfait, plus-que-parfait), du conditionnel (présent, passé) et/ou du subjonctif (présent, passé) ;
- conjuguer correctement tous les verbes réguliers (verbes du 1er groupe et du 2e groupe) et la plupart des verbes irréguliers ;
- utiliser une assez grande variété d'adjectifs qualificatifs et d'adverbes ;
- faire des phrases complexes (pronoms relatifs simples et disjoints ; locutions conjonctives ; indicateurs temporels...).

Niveau C1

CAPACITÉS GÉNÉRALES EXIGÉES

Au niveau C1[3], le candidat peut comprendre une grande gamme de textes longs et exigeants, ainsi que saisir des significations implicites. Il peut s'exprimer spontanément et couramment sans trop apparemment devoir chercher ses mots. Il peut utiliser la langue de façon efficace et souple dans sa vie sociale, professionnelle ou académique. Il peut s'exprimer sur des sujets complexes de façon claire et bien structurée et manifester son contrôle des outils d'organisation, d'articulation et de cohésion du discours.

Pour ce niveau, vous serez évalué sur votre capacité à :

- donner votre opinion, argumenter, justifier, clarifier et/ou nuancer vos propos, convaincre vos interlocuteurs, relancer la discussion, apporter des compléments d'informations, illustrer vos propos à l'aide d'exemples ;
- structurer votre discours en regroupant vos idées et en utilisant des connecteurs ;
- utiliser les temps et les modes ;
- conjuguer correctement tous les verbes réguliers (verbes du 1er groupe et du 2e groupe) et les verbes irréguliers (3e groupe) ;
- utiliser une assez grande variété d'adjectifs qualificatifs et d'adverbes (maîtrise des nuances et connaissance d'un nombre important de synonymes et d'antonymes) ;
- maîtriser la phrase complexe...

---

2 et 3. Échelle globale du Cadre européen commun de référence pour les langues.

 **Niveau** **C2**

CAPACITÉS GÉNÉRALES EXIGÉES

Au niveau C2[4], le candidat peut comprendre sans effort pratiquement tout ce qu'il/elle lit ou entend. Il peut restituer faits et arguments de diverses sources écrites et orales en les résumant de façon cohérente. Il peut s'exprimer spontanément, très couramment et de façon précise et peut rendre distinctes de fines nuances de sens en rapport avec des sujets complexes.

Pour ce niveau, vous serez évalué sur votre capacité à :

- donner votre opinion, argumenter, justifier, clarifier et/ou nuancer vos propos, convaincre vos interlocuteurs, relancer la discussion, apporter des compléments d'informations, illustrer vos propos à l'aide d'exemples ;
- structurer votre discours en regroupant vos idées et en utilisant des connecteurs ;
- utiliser les temps et les modes ;
- conjuguer correctement tous les verbes réguliers (verbes du 1er groupe et du 2e groupe) et les verbes irréguliers (3e groupe) ;
- utiliser une assez grande variété d'adjectifs qualificatifs et d'adverbes (maîtrise des nuances et connaissance d'un nombre important de synonymes et d'antonymes) ;
- maîtriser la phrase complexe...

FORMAT DES EXERCICES

Exercice 1 : analyse de document iconographique

Rédaction, à partir d'une (et une seule) image, d'une description débouchant sur une analyse (explications, hypothèses) en **200 mots minimum**.

Cet exercice comporte une photographie et une consigne :

> *Décrivez l'image, et expliquez quel problème ou fait de société elle représente. (Plusieurs réponses sont possibles).*
> *Développez votre analyse dans un texte clairement organisé (200 mots minimum).*

Exercice 2 : essai argumentatif

Rédaction, à partir d'une affirmation (à choisir parmi deux) sur un fait de société, d'une prise de position argumentée en **300 mots minimum**.

Cet exercice comporte 2 propositions d'affirmation et une consigne :

> *Lisez les deux affirmations suivantes. Choisissez-en une seule. Prenez position concernant l'affirmation que vous avez choisie et justifiez votre choix. Vous devez, dans votre argumentation, prendre en compte la situation existant dans votre pays d'origine ou de résidence.*
>
> *Conseil important !*
> • Votre argumentation doit comporter :
>   - une introduction ;
>   - un développement ;
>   - une conclusion.
> • Votre argumentation doit comporter **au moins 300 mots**.
>
> *Attention !* Votre copie ne sera pas corrigée si vous ne respectez pas le nombre minimum de mots demandés.

---

4. Échelle globale du Cadre européen commun de référence pour les langues.

CONSEILS POUR L'ESSAI ARGUMENTÉ

1. Définition

L'essai argumenté est un exercice pragmatique : vous devez, à partir d'un sujet, donner vos opinions et les organiser en fonction d'un plan que vous établissez vous-même.

Votre plan doit comporter les trois parties mentionnées plus haut :

- introduction
- développement
- conclusion

Votre production doit permettre d'évaluer vos capacités à organiser votre pensée. Vous devez faire preuve, avant tout, de cohérence, de logique et d'organisation. Vous devez également penser à illustrer vos propos avec des exemples.

2. Niveau de compétence

L'essai argumenté est fréquemment rencontré dans les examens de français langue étrangère dès le niveau B1 du *Cadre européen commun de référence pour les langues* (niveau intermédiaire).

Voici un tableau récapitulatif des compétences que l'on attendra de vous pour les niveaux B1 à C2[5]:

C2	Peut produire des rapports, articles ou **essais complexes** et qui **posent une problématique** ou **donner une appréciation critique** sur le manuscrit d'une œuvre littéraire de manière limpide et fluide. Peut **proposer un plan logique adapté et efficace** qui aide le lecteur à retrouver les points importants.
C1	Peut exposer par écrit, **clairement et de manière bien structurée**, un sujet complexe en **soulignant les points marquants pertinents**. Peut **exposer et prouver son point de vue assez longuement à l'aide d'arguments secondaires, de justifications et d'exemples pertinents**.
B2	Peut écrire un essai ou un rapport qui **développe une argumentation de façon méthodique** en soulignant de manière appropriée les points importants et les détails pertinents qui viennent l'appuyer. Peut **évaluer des idées différentes** ou des solutions à un problème. Peut écrire un essai ou un rapport qui **développe une argumentation en apportant des justifications pour ou contre un point de vue particulier et en expliquant les avantages ou les inconvénients de différentes options**. Peut **synthétiser** des informations et des arguments issus de sources diverses.
B1	Peut écrire de **brefs essais simples** sur des sujets d'intérêt général. Peut **résumer avec une certaine assurance** une source d'informations factuelles sur des sujets familiers courants et non courants dans son domaine, en faire le rapport et **donner son opinion**. Peut écrire des rapports très brefs de forme standard conventionnelle qui transmettent des informations factuelles courantes et justifient des actions.

3. Évaluation

Pour l'essai argumenté, vous ne serez jamais évalué sur les idées que vous défendez mais uniquement sur la façon dont vous les organisez. Il n'appartient pas au correcteur de porter un jugement sur vos opinions ou vos prises de position.

En revanche, une attention particulière sera donnée à la cohérence de votre travail ainsi qu'à sa qualité lexicale, syntaxique, orthographique et grammaticale.

---

5. Échelle détaillée « ESSAIS ET RAPPORTS » du Cadre européen commun de référence pour les langues.

//////// **Exercice 1** **Analyse de document iconographique** /////////////////////////////////////

SUJET 1

Décrivez l'image et expliquez quel problème ou fait de société elle représente.
(Plusieurs réponses sont possibles).
Développez votre analyse dans un texte clairement organisé (200 mots minimum). ///////////

SUJET 2

Décrivez l'image et expliquez quel problème ou fait de société elle représente.
(Plusieurs réponses sont possibles).
Développez votre analyse dans un texte clairement organisé (200 mots minimum). ///////////

Décrivez l'image et expliquez quel problème ou fait de société elle représente.
(Plusieurs réponses sont possibles).
Développez votre analyse dans un texte clairement organisé (200 mots minimum).

SUJET 4

Décrivez l'image et expliquez quel problème ou fait de société elle représente.
(Plusieurs réponses sont possibles).
Développez votre analyse dans un texte clairement organisé (200 mots minimum).

SUJET 5

Décrivez l'image et expliquez quel problème ou fait de société elle représente.
(Plusieurs réponses sont possibles).
Développez votre analyse dans un texte clairement organisé (200 mots minimum). //////////////

SUJET 6

Décrivez l'image et expliquez quel problème ou fait de société elle représente.
(Plusieurs réponses sont possibles).
Développez votre analyse dans un texte clairement organisé (200 mots minimum). //////////////

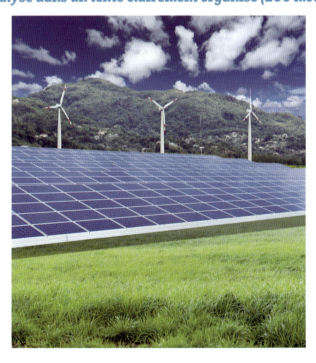

SUJET 7

Décrivez l'image et expliquez quel problème ou fait de société elle représente.
(Plusieurs réponses sont possibles).
Développez votre analyse dans un texte clairement organisé (200 mots minimum).

SUJET 8

Décrivez l'image et expliquez quel problème ou fait de société elle représente.
(Plusieurs réponses sont possibles).
Développez votre analyse dans un texte clairement organisé (200 mots minimum).

SUJET 9

Décrivez l'image et expliquez quel problème ou fait de société elle représente.
(Plusieurs réponses sont possibles).
Développez votre analyse dans un texte clairement organisé (200 mots minimum).

SUJET 10

Décrivez l'image et expliquez quel problème ou fait de société elle représente.
(Plusieurs réponses sont possibles).
Développez votre analyse dans un texte clairement organisé (200 mots minimum).

Exercice 2 | **Essai argumentatif**

SUJET 11

Sans les nouvelles technologies, les hommes ne pourraient plus travailler.

SUJET 12

Les jeunes générations n'ont plus rien à apprendre de leurs aînés.

SUJET 13

Seule l'école permet l'apprentissage des valeurs morales.

SUJET 14

De nos jours, avoir un diplôme garantit l'accès à l'emploi.

SUJET 15

Les réseaux sociaux (Facebook, Twitter...) sont le meilleur moyen de se faire des amis.

SUJET 16

La publicité aide les gens à acheter.

SUJET 17

Les enfants ne devraient pas regarder la télévision. //

_____

SUJET 18

Il vaut mieux vivre à la campagne qu'en ville. ///

_____

SUJET 19

L'art ne sert à rien. ///

_____

SUJET 20

Les émissions de téléréalité reflètent la « vraie » vie. ///

Expression

ORALE

L'épreuve d'expression orale //

L'épreuve d'expression orale du TCF est :
- **obligatoire** pour le TCF pour l'accès à la nationalité française (TCF ANF) ;
- **très fortement recommandée** pour les candidats au TCF pour le Québec ;
- **parfois exigée** par certaines universités, grandes écoles [Sciences Po Paris…] ou employeurs [Commission européenne…]. Nous vous recommandons vivement de consulter le site Internet de l'établissement ou de l'institution que vous souhaitez intégrer pour connaître les épreuves qui sont exigées.

L'épreuve d'expression orale :
- dure au maximum 12 minutes ;
- est composée de 3 tâches de niveaux de difficulté croissants ;
- se déroule en présence d'un examinateur (face à face) qui va conduire l'entretien ;
- est évaluée une première fois par l'examinateur immédiatement après l'entretien ;
- est enregistrée pour être corrigée une seconde fois.

Pendant cette épreuve, l'examinateur va :
- vous accueillir ;
- vous expliquer comment va se dérouler l'épreuve ;
- vous donner les consignes de passation ;
- vous poser les questions.

Lorsque vous répondez aux questions, nous vous recommandons très fortement :

    – de faire appel à votre vécu, votre expérience. Utilisez votre mémoire et pensez à des situations que vous avez connues ou des événements que vous avez vécus pour illustrer vos réponses ;

    – de faire appel à votre imagination. Si vous n'avez pas de souvenirs précis, imaginez-les ! On ne vous jugera pas sur le contenu de vos réponses mais sur leur précision, leur correction et leur adéquation à la question qui vous est posée. Personne n'ira vérifier que ce vous dites est vrai ou faux ;

    – d'éviter tous propos blessants, discriminants, racistes ou sexistes.

Niveau A1

CAPACITÉS GÉNÉRALES EXIGÉES

Au niveau A1[1], le candidat peut comprendre et utiliser des expressions familières et quotidiennes ainsi que des énoncés très simples qui visent à satisfaire des besoins concrets. Il peut se présenter ou présenter quelqu'un et poser à une personne des questions la concernant – par exemple, sur son lieu d'habitation, ses relations, ce qui lui appartient, etc. – et peut répondre au même type de questions. Il peut communiquer de façon simple si l'interlocuteur parle lentement et distinctement et se montre coopératif.

Niveau A2

CAPACITÉS GÉNÉRALES EXIGÉES

Au niveau A2[2], le candidat peut comprendre des phrases isolées et des expressions fréquemment utilisées en relation avec des domaines immédiats de priorité (par exemple, informations personnelles et familiales simples, achats, environnement proche, travail). Il peut communiquer lors de tâches simples et habituelles ne demandant qu'un échange d'informations simple et direct sur des sujets familiers et habituels. Il peut décrire avec des moyens simples sa formation, son environnement immédiat et évoquer des sujets qui correspondent à des besoins immédiats.

Niveau B1

CAPACITÉS GÉNÉRALES EXIGÉES

Au niveau B1[3], le candidat peut comprendre les points essentiels quand un langage clair et standard est utilisé et s'il s'agit de choses familières dans le travail, à l'école, dans les loisirs, etc. Il peut se débrouiller dans la plupart des situations rencontrées en voyage dans une région où la langue cible est parlée. Il peut produire un discours simple et cohérent sur des sujets familiers et dans ses domaines d'intérêt. Il peut raconter un événement, une expérience ou un rêve, décrire un espoir ou un but et exposer brièvement des raisons ou explications pour un projet ou une idée.

Niveau B2

CAPACITÉS GÉNÉRALES EXIGÉES

Au niveau B2[4], le candidat peut comprendre le contenu essentiel de sujets concrets ou abstraits dans un texte complexe, y compris une discussion technique dans sa spécialité. Il peut communiquer avec un degré de spontanéité et d'aisance tel qu'une conversation avec un locuteur natif ne comportant de tension ni pour l'un ni pour l'autre. Il peut s'exprimer de façon claire et détaillée sur une grande gamme de sujets, émettre un avis sur un sujet d'actualité et exposer les avantages et les inconvénients de différentes possibilités.

1, 2, 3 et 4. Échelle globale du Cadre européen commun de référence pour les langues.

L'épreuve d'expression orale

Niveau C1

CAPACITÉS GÉNÉRALES EXIGÉES

Au niveau C1[5], le candidat peut comprendre une grande gamme de textes longs et exigeants, ainsi que saisir des significations implicites. Il peut s'exprimer spontanément et couramment sans trop apparemment devoir chercher ses mots. Il peut utiliser la langue de façon efficace et souple dans sa vie sociale, professionnelle ou académique. Il peut s'exprimer sur des sujets complexes de façon claire et bien structurée et manifester son contrôle des outils d'organisation, d'articulation et de cohésion du discours.

Niveau C2

CAPACITÉS GÉNÉRALES EXIGÉES

Au niveau C2[6], le candidat peut comprendre sans effort pratiquement tout ce qu'il lit ou entend. Il peut restituer faits et arguments de diverses sources écrites et orales en les résumant de façon cohérente. Il peut s'exprimer spontanément, très couramment et de façon précise et peut rendre distinctes de fines nuances de sens en rapport avec des sujets complexes.

---

5 et 6. Échelle globale du Cadre européen commun de référence pour les langues.

Expression ORALE

NIVEAU MINIMAL REQUIS : A1

Pour cette tâche, vous serez évalué sur votre capacité à :
- décrire une personne, un lieu ou une situation ;
- exprimer simplement des goûts ;
- répondre à une invitation ;
- raconter un événement ;
- formuler des projets de loisirs ou d'études à très court terme ;
- utiliser les temps du présent de l'indicatif et/ou du futur simple, et/ou du passé composé ;
- utiliser certains adjectifs qualificatifs ;
- conjuguer correctement certains verbes réguliers (verbes du 1er groupe) et certains verbes irréguliers (3e groupe) très utilisés (*avoir, être, faire, prendre, boire, voire, devoir, prendre, aller, partir...*) ;
- utiliser certains adjectifs qualificatifs et certains adverbes ;
- faire des phrases simples et de très courtes phrases complexes (*je crois que...*)...

FORMAT DE LA TÂCHE

Entretien dirigé d'une durée de **2 minutes maximum sans préparation**. Le candidat fait preuve de sa capacité à échanger avec une personne qu'il ne connait pas (l'examinateur). Le candidat répond aux questions qui lui sont posées sur un ou plusieurs des thèmes de communication suivants :
- État civil / caractère / langue(s) parlée(s) ;
- Famille ;
- Relations amicales ;
- Formation / études ;
- Situation professionnelle / universitaire ;
- Activités / habitudes : au travail, à l'université, chez soi, lors des loisirs, etc. ;
- Aptitudes / goûts / centres d'intérêt ;
- Événements ou activités passées ;
- Conditions de vie : milieu géographique, logement, environnement socioculturel, équipements, météo, etc. ;
- Objets personnels ;
- Projets / souhaits / désirs ;
- Déplacements / voyages / itinéraires ;
- Institutions publiques / infrastructures / associations.

//////// **Tâche** **2** //

NIVEAU MINIMAL REQUIS : B1

Pour cette tâche, vous serez évalué sur votre capacité à :
- donner un avis ou une opinion, illustrer avec des exemples ;
- fournir des explications ;
- conseiller, déconseiller ;
- utiliser les temps de l'indicatif (présent, futur simple et proche, passé composé, imparfait), du conditionnel (présent) et/ou du subjonctif (présent) ;
- structurer votre discours en organisant vos idées et en utilisant des connecteurs simples ;
- conjuguer correctement tous les verbes réguliers (verbes du 1er groupe et du 2e groupe) et les verbes irréguliers (3e groupe) les plus utilisés (*avoir, être, faire, prendre, boire, voir, devoir, prendre, aller, partir, lire, recevoir, attendre, comprendre, naître, mourir, courir, savoir...*) ;
- utiliser une variété d'adjectifs qualificatifs et d'adverbes ;
- faire des phrases complexes (avec des pronoms relatifs [*qui, que, dont, où*] et des locutions conjonctives [*que*]) ;

FORMAT DE LA TÂCHE

Exercice en interaction en **3 minutes 30 maximum** et avec un **temps de préparation de 2 minutes** (pour une durée totale de 5 minutes 30). Le candidat fait preuve de sa capacité à obtenir des informations dans une situation de la vie quotidienne courante en posant des questions. Le candidat doit être capable de réagir aux réponses de l'examinateur afin d'obtenir plus de précisions.

Cette tâche s'apparente à un jeu de rôle. Au début de la tâche, l'examinateur vous remet un document sur lequel sont mentionnés le sujet et les consignes :

Épreuve d'expression orale (tâche 2)
Document pour le candidat

Voici le sujet :

…..

Consignes :
- Cette partie de l'épreuve dure 5 minutes 30 secondes au total.
- Vous avez 2 minutes pour préparer le sujet. Vous êtes autorisé(e) à prendre de courtes notes si vous le souhaitez.
- Vous ne devez pas écrire sur le sujet, seulement sur la feuille de brouillon donnée par l'examinateur.
- Dans 2 minutes, nous commençons l'entretien.
- Vous devez me poser des questions pour obtenir des informations.
- C'est vous qui parlez en premier.
- C'est vous qui conduisez la conversation.
- L'entretien doit durer 3 minutes 30 secondes.
- Vous pouvez demander plus de précisions ou faire répéter des informations.

Attention ! Pour cette tâche, c'est à vous de poser des questions : vous devez obtenir des informations de l'examinateur. Vous avez donc un rôle à jouer et votre examinateur aussi. Il doit répondre à vos questions et à vos demandes de précision. Jouez le jeu !

Tâche 3

NIVEAU MINIMAL REQUIS : B1

Pour cette tâche, vous serez évalué sur votre capacité à :
- donner votre opinion, argumenter, justifier, clarifier et/ou nuancer vos propos, convaincre vos interlocuteurs, relancer la discussion, apporter des compléments d'informations, illustrer vos propos à l'aide d'exemples ;
- relancer la discussion, apporter des compléments d'informations, illustrer vos propos à l'aide d'exemples ;
- structurer votre discours en regroupant vos idées et en utilisant des connecteurs ;
- utiliser les temps et les modes ;
- conjuguer correctement tous les verbes réguliers (verbes du 1er groupe et du 2e groupe) et les verbes irréguliers (3e groupe) ;
- utiliser une assez grande variété d'adjectifs qualificatifs et d'adverbes (maîtrise des nuances et connaissance d'un nombre important de synonymes et d'antonymes) ;
- faire des phrases complexes (pronoms relatifs simples et disjoints ; locutions conjonctives ; indicateurs temporels…).

FORMAT DE LA TÂCHE

Expression d'un point vue en **4 minutes 30 maximum sans préparation**. Le candidat fait preuve de sa capacité à parler de manière spontanée et continue. Le candidat doit :
- développer un argumentaire correspondant à la thématique proposée ;
- savoir apporter des nuances à son discours ;
- expliciter, lorsque cela est nécessaire, sa pensée ;
- savoir être convaincant.

Expression ORALE

Tâche 1

Il n'y a pas de sujet type pour cette tâche. L'examinateur vous demandera toujours de commencer par vous présenter.

Il poursuivra l'entretien avec des questions sur un ou plusieurs des thèmes de communication listés plus haut. Vous trouverez ci-dessous une série d'exemples de questions que l'examinateur pourrait vous poser :

1. Où habitez-vous ? Dans une maison ou un appartement ?
2. Comment venez-vous au travail/à l'université le matin ?
3. Quel est votre chanteur ou chanteuse préféré(e) ?
4. Que faites-vous le matin avant de partir travailler ou d'aller à l'université ?
5. Quel sport pratiquez-vous ? Pourquoi ?
6. Quel est votre animal préféré ? Pourquoi ?
7. Quelle est la fête de votre pays ou de l'année que vous préférez ? Pourquoi ?
8. Racontez-moi un voyage que vous avez fait et que vous avez aimé.
9. Quel est votre sport favori ? Pourquoi ?
10. Expliquez-moi le métier que vous faites ou les études que vous suivez.

Tâche 2

SUJET 1

Vous voulez faire des études en France mais vous ne savez pas quelle université choisir. Vous me posez des questions pour obtenir des renseignements sur les meilleures universités françaises.

SUJET 2

Vous souhaitez passer, l'été prochain, des vacances sportives en pleine nature dans un pays francophone avec un ami. Votre ami ne veut pas. Vous essayez de le convaincre. L'examinateur joue le rôle de l'ami.

SUJET 3

Vous souhaitez partir en vacances dans le sud de la France mais vous ne savez pas exactement dans quelle région. Posez-moi des questions sur les différentes possibilités (mer, montagne, campagne, ville, village...).

SUJET 4

Vous avez envie de dîner avec votre meilleur ami dans un quartier animé de Paris. Votre ami préfère un endroit calme. Vous essayez de le convaincre. L'examinateur joue le rôle de l'ami.

2 min 30 sec
2 min

SUJET 5

Vous allez vous installer au Québec dans quelques mois. Vous ne savez pas encore dans quelle ville. Posez-moi des questions pour obtenir des informations. ///////////////////////////

SUJET 6

Vous souhaitez offrir un CD d'un chanteur ou d'une chanteuse francophone à vos parents. Vous ne savez quoi choisir. Demandez-moi des conseils. ////////////////////////////////

SUJET 7

Vos amis et vous souhaitez visiter le Québec l'année prochaine. Vous ne savez pas quelle saison choisir pour passer les meilleures vacances possibles. Vous me demandez des informations à ce sujet. ///

SUJET 8

Vous souhaitez améliorer votre français pour des raisons professionnelles urgentes. Vous me demandez conseil pour obtenir de bons résultats. //////////////////////////////

SUJET 9

Vous partez travailler à Montréal pour plusieurs mois dans une grande entreprise québécoise. Vous me posez des questions pour réussir au mieux votre intégration professionnelle. //////////////////////////////////

SUJET 10

Vous souhaitez passer des vacances culturelles dans une région francophone du monde. Vous m'interrogez sur les diverses possibilités qui s'offrent à vous. ////////////////////////

///////// **Tâche 3** ///

SUJET 11

La maîtrise du français est indispensable pour une intégration réussie dans une société francophone. Qu'en pensez-vous ? ///

SUJET 12

Un pays qui ne respecte pas la parité homme-femme dans ses institutions n'est pas une démocratie. Êtes-vous d'accord avec cette affirmation ? //////////////////////////

SUJET 13

Pensez-vous que les réseaux sociaux permettent de se faire de vrais amis ?

SUJET 14

L'enseignement des langues étrangères devrait commencer dès l'école maternelle. Êtes-vous d'accord avec cette affirmation ?

SUJET 15

L'écologie est nécessaire pour bâtir une société moderne. Qu'en pensez-vous ?

SUJET 16

La technologie (téléphone, Internet, réseaux sociaux...) a pris une place trop importante dans notre vie quotidienne. Qu'en pensez-vous ?

SUJET 17

Les services publics (poste, hôpitaux, administrations) sont moins performants aujourd'hui qu'il y a quelques années. Êtes-vous d'accord avec cette affirmation ?

SUJET 18

Tous les jeunes devraient avoir une expérience professionnelle avant d'entrer à l'université. Qu'en pensez-vous ?

SUJET 19

Lorsqu'elles embauchent des salariés, les entreprises devraient donner plus d'importance à l'expérience professionnelle qu'aux diplômes obtenus. Qu'en pensez-vous ?

SUJET 20

Il n'est pas nécessaire de voyager pour connaître le monde. Êtes-vous d'accord avec cette affirmation ?

Compréhension orale

 **Niveau** **A1**

QUESTION 1

Écoutez les 4 propositions. Choisissez celle qui correspond à l'image.

☑ A   ☐ B   ☐ C   ☑ D

TCF BLANC

QUESTION 2

Écoutez le document sonore et la question. Choisissez la bonne réponse.

- ☐ **A.** J'ai 25 ans.
- ☐ **B.** J'étudie l'économie.
- ☐ **C.** J'habite à Bordeaux.
- ☑ **D.** Je m'appelle Thomas.

QUESTION 3

Écoutez le document sonore et la question. Choisissez la bonne réponse.

- ☐ **A.** Il est à la plage.
- ☑ **B.** Il est grand.
- ☐ **C.** Il mange beaucoup.
- ☐ **D.** Il va bien.

Niveau **A2**

QUESTION 4

Écoutez l'extrait sonore et les 4 propositions. Choisissez la bonne réponse.

☐ A   ☑ B   ☐ C   ☐ D

QUESTION 5

combien temps?

Écoutez l'extrait sonore et les 4 propositions. Choisissez la bonne réponse.

☑ A   ☐ B   ☐ C   ☐ D

QUESTION 6

Écoutez le document sonore et la question. Choisissez la bonne réponse.

- ☐ **A.** Parce qu'il a un autre rendez-vous.
- ☑ **B.** Parce qu'il fait beaucoup trop chaud.
- ☐ **C.** Parce que John ne l'accompagne pas.
- ☐ **D.** Parce que le temps n'est pas beau.

paul

103

QUESTION 7

Écoutez le document sonore et la question. Choisissez la bonne réponse.

- ☑ **A.** Il aime assez bien.
- ☐ **B.** Il aime beaucoup.
- ☐ **C.** Il n'aime pas beaucoup.
- ☐ **D.** Il n'aime pas du tout.

QUESTION 8

Écoutez le document sonore et la question. Choisissez la bonne réponse.

- ☐ **A.** d'autobus.
- ☑ **B.** d'avion.
- ☐ **C.** de bateau.
- ☐ **D.** de train.

Niveau **B1**

QUESTION 9

Écoutez le document sonore et la question. Choisissez la bonne réponse.

- ☐ **A.** De la tête.
- ☐ **B.** Des jambes.
- ☐ **C.** Des pieds.
- ☑ **D.** Du dos.

QUESTION 10

Écoutez le document sonore et la question. Choisissez la bonne réponse.

- ☐ **A.** Un appartement à Marseille.
- ☐ **B.** Un appartement à Paris.
- ☑ **C.** Un nouveau travail à Marseille.
- ☐ **D.** Un nouveau travail à Paris.

QUESTION 11

Écoutez le document sonore et la question. Choisissez la bonne réponse. //////////////////////

- ☑ **A.** Aux adolescents.   15-17 ans
- ☐ **B.** Aux adultes.
- ☐ **C.** Aux enfants.
- ☐ **D.** Aux familles.

QUESTION 12

Écoutez le document sonore et la question. Choisissez la bonne réponse. //////////////////////

- ☐ **A.** Une émission de jeux-concours.
- ☐ **B.** Une émission musicale.
- ☑ **C.** Une émission sur la danse.
- ☐ **D.** Une émission sur les voyages.

QUESTION 13

Écoutez le document sonore et la question. Choisissez la bonne réponse. //////////////////////

- ☑ **A.** Les étudiants.
- ☐ **B.** Les élèves.   2/ ans.
- ☐ **C.** Les touristes.
- ☐ **D.** Les travailleurs.

QUESTION 14

Écoutez le document sonore et la question. Choisissez la bonne réponse. //////////////////////

- ☑ **A.** Il faut essentiellement utiliser les nouvelles méthodes.
- ☐ **B.** Il faut seulement utiliser les nouvelles technologies.
- ☐ **C.** Il faut uniquement utiliser les moyens traditionnels.
- ☐ **D.** Il faut utiliser de la même manière toutes les méthodes.

QUESTION 15

Écoutez le document sonore et la question. Choisissez la bonne réponse. //////////////////////

- ☐ **A.** Ceux qui ont réservé.
- ☐ **B.** Les amoureux du confort.   artistes.
- ☐ **C.** Les spectateurs riches.
- ☑ **D.** Tous les spectateurs.

///////// **Niveau** **B2** ///

QUESTION 16

Écoutez le document sonore et la question. Choisissez la bonne réponse. ////////////////

- ❑ **A.** La lune cachera complètement le soleil.
- ☑ **B.** La lune et la terre seront peu éloignées.
- ❑ **C.** On verra la lune très proche du soleil.
- ❑ **D.** Un satellite s'approchera de la lune.

QUESTION 17

Écoutez le document sonore et la question. Choisissez la bonne réponse. ////////////////

- ❑ **A.** C'est un produit essentiel pour la santé.
- ❑ **B.** Ces qualités nutritionnelles ont diminué.
- ❑ **C.** Il faut le consommer avec modération.
- ☑ **D.** Sa saveur a tendance à se standardiser.

QUESTION 18

Écoutez le document sonore et la question. Choisissez la bonne réponse. ////////////////

- ❑ **A.** L'empreinte écologique des bouquets de fleurs.
- ☑ **B.** L'origine géographique des espèces de fleurs.
- ❑ **C.** La disparition de nombreuses variétés de fleurs.
- ❑ **D.** Les nouvelles méthodes de culture des fleurs.

QUESTION 19

Écoutez le document sonore et la question. Choisissez la bonne réponse. ////////////////

- ❑ **A.** Non, c'est prouvé qu'elle ne l'est d'aucune façon.
- ❑ **B.** Non, c'est un instrument inutile et dangereux.
- ❑ **C.** Oui, elle est très efficace car elle est dissuasive.
- ☑ **D.** Oui, mais son usage est limité et peu convaincant.

QUESTION 20

Écoutez le document sonore et la question. Choisissez la bonne réponse. ////////////////

- ❑ **A.** Il attire des milliers de touristes chaque année.
- ❑ **B.** Il est un des sommets les plus hauts du monde.
- ☑ **C.** Il est une source d'inspiration pour les artistes.
- ❑ **D.** Son sommet est entouré de merveilles naturelles.

16.0
sacré
symbole de culture

patege panne logiciel
ce partage non-voulu

QUESTION 21

Écoutez le document sonore et la question. Choisissez la bonne réponse. //////////////

- ❑ **A.** Une panne technique a empêché un grand nombre de personnes de s'inscrire sur ce réseau.
- ❑ **B.** Une panne informatique a supprimé les données personnelles d'un grand nombre d'utilisateurs.
- ☑ **C.** Un problème informatique a provoqué la publication de données personnelles d'utilisateurs.
- ❑ **D.** Un problème technique a regroupé et mélangé les données personnelles de millions d'utilisateurs.

QUESTION 22

Écoutez le document sonore et la question. Choisissez la bonne réponse. //////////////

- ❑ **A.** Une conférence pour mieux connaître la loi.
- ❑ **B.** Une leçon de droit en ligne pour les étudiants.
- ☑ **C.** Une méthode pour se préparer à un examen.
- ❑ **D.** Une réflexion sur le devoir moral des citoyens.

justice
légale, juste

Niveau **C1** //

QUESTION 23

Écoutez le document sonore et la question. Choisissez la bonne réponse. //////////////

- ❑ **A.** De la conjoncture économique générale.
- ☑ **B.** De rien en particulier, selon toute apparence.
- ❑ **C.** Des loyers appliqués dans certaines capitales.
- ❑ **D.** Tout particulièrement de la crise de 1991.

QUESTION 24

Écoutez le document sonore et la question. Choisissez la bonne réponse. //////////////

- ❑ **A.** Ils constituent un apport innovant pour la cuisine traditionnelle française.
- ❑ **B.** Ils font partie du folklore gastronomique de certaines régions du monde.
- ❑ **C.** Ils ont des qualités nutritionnelles supérieures aux aliments industriels.
- ☑ **D.** Ils représentent une véritable alternative alimentaire pour les hommes.

insectes

TCF BLANC

QUESTION 25

Écoutez le document sonore et la question. Choisissez la bonne réponse.

- ☐ **A.** L'engouement des Français pour ce produit est unique en Europe.
- ☐ **B.** Les enjeux sanitaires et commerciaux sont très importants.
- ☑ **C.** Les laboratoires pharmaceutiques souhaitent en interdire la vente.
- ☐ **D.** Son utilisation est déjà encadrée par la loi dans certains pays européens.

QUESTION 26

Écoutez le document sonore et la question. Choisissez la bonne réponse.

- ☐ **A.** Les autorités aéroportuaires canadiennes ne sont pas responsables de cet accident.
- ☐ **B.** Les autorités canadiennes et Air France se partagent la responsabilité de cet accident.
- ☑ **C.** La compagnie Air France n'est absolument pas responsable de cet incident.
- ☐ **D.** Les conditions météorologiques sont la principale cause de cet accident.

pilot

QUESTION 27

Écoutez le document sonore et la question. Choisissez la bonne réponse.

- ☐ **A.** Le comportement discutable des climatologues.
- ☐ **B.** Le désintérêt des autorités pour les changements climatiques.
- ☑ **C.** Le manque de moyens dont disposent les chercheurs.
- ☐ **D.** Les piètres critères de recrutement des météorologues.

Niveau `C2`

QUESTION 28

Écoutez le document sonore et la question. Choisissez la bonne réponse.

- ☐ **A.** L'accès trop facile au tourisme culturel.
- ☑ **B.** La marchandisation du tourisme culturel.
- ☐ **C.** Le mauvais goût culturel des touristes.
- ☐ **D.** La valorisation du patrimoine culturel.

QUESTION 29

Écoutez le document sonore et la question. Choisissez la bonne réponse. ////////////////////////

- ☐ **A.** Les dépressifs ont tous une activité cérébrale plus active.
- ☑ **B.** La dépression serait liée à une forte activité cérébrale.
- ☐ **C.** L'inactivité cérébrale accélère le processus de la dépression.
- ☐ **D.** Les personnes inactives sont plus enclines à la dépression nerveuse.

réduit

nuisent.

plus forte

pl

QUESTION 30

Écoutez le document sonore et la question. Choisissez la bonne réponse. ////////////////////////

- ☐ **A.** C'est un gage que l'homme est capable de discernement.
- ☑ **B.** C'est un sentiment pernicieux qui altère l'esprit critique.
- ☐ **C.** C'est une colère saine provoquée par une action injuste.
- ☐ **D.** C'est une révolte intérieure qui fait avancer les hommes.

indis menin

TCF BLANC

Maîtrise des structures de la langue

Niveau A1

QUESTION 31

Et toi ? Tu...

- ❑ **A.** apprends
- ❑ **B.** fais
- ❑ **C.** joues
- ❑ **D.** regardes

... le sport à la télé ?

QUESTION 32

Tu as vu Paul ! Il est arrivé...

- ❑ **A.** à
- ❑ **B.** en
- ❑ **C.** où
- ❑ **D.** quand

... Paris ?

Niveau A2

QUESTION 33

Au revoir Karim, on se voit le mois...

- ❑ **A.** dernier ?
- ❑ **b.** passé ?
- ❑ **C.** prochain ?
- ❑ **D.** suivant ?

QUESTION 34

Elle est en...

- ❑ **A.** maladie.
- ❑ **B.** retard.
- ❑ **C.** réunion
- ❑ **D.** vacances.

Il y a un problème de transports.

QUESTION 35

Nous avons organisé une réunion mais...

- ❑ **A.** aucun
- ❑ **B.** chacun
- ❑ **C.** personne
- ❑ **D.** plusieurs

... collègue n'est venu.

Niveau B1

QUESTION 36

Je dois faire vite car Marius m'...

- ❏ **A.** attendaient
- ❏ **B.** attend
- ❏ **C.** a attendu
- ❏ **D.** allait t'attendre

... pour partir et je suis déjà très en retard.

QUESTION 37

Ma dent me fait mal. ...

- ❏ **A.** Avoir pris
- ❏ **B.** En prenant
- ❏ **C.** Prendre
- ❏ **D.** Pris

... un cachet, ça ira mieux.

QUESTION 38

L'homme...

- ❏ **A.** dont
- ❏ **b.** où
- ❏ **C.** qu'
- ❏ **D.** qui

... il est question dans ce film n'est pas si mauvais.

QUESTION 39

Si...

- ❏ **A.** j'ai
- ❏ **B.** j'aurai
- ❏ **C.** j'aurais
- ❏ **D.** j'avais

... l'argent nécessaire, je ferais ce voyage avec toi.

QUESTION 40

Je n'ai pas vu Samuel depuis deux ans ! ...

- ❏ **A.** J'attends
- ❏ **B.** J'espère
- ❏ **C.** Je désire
- ❏ **D.** Je souhaite

... qu'il viendra à la fête ce soir.

QUESTION 41

Issu des exploitations de nos régions, ce lait est collecté et conditionné en France.

Que signifie le mot « conditionné » ?

- ☐ **A.** chauffé.
- ☐ **B.** contrôlé.
- ☐ **C.** distribué.
- ☐ **D.** emballé.

QUESTION 42

- ☐ **A.** À condition que
- ☐ **B.** À moins que
- ☐ **C.** Bien que
- ☐ **D.** Même si

... nous ne soyons pas toujours d'accord, nous sommes bons amis.

QUESTION 43

Ils se sont...
- ☐ **A.** lavé
- ☐ **B.** lavée
- ☐ **C.** lavées
- ☐ **D.** lavés

... les mains avant le déjeuner.

QUESTION 44

Appelle-moi...
- ☐ **A.** au cas où
- ☐ **B.** dès que
- ☐ **C.** quand
- ☐ **D.** si

... tu voudrais m'accompagner au cinéma.

QUESTION 45

Cette nouvelle situation politique n'est jamais arrivée. Elle est très intéressante...

- ☐ **A.** à
- ☐ **B.** d'
- ☐ **C.** par
- ☐ **D.** pour

... analyser.

QUESTION 46

Je serais venue t'aider à déménager, mais pour ça il...

- ❑ **A.** aura fallu
- ❑ **B.** aurait fallu
- ❑ **C.** avait fallu
- ❑ **D.** eut fallu

... que tu me préviennes.

QUESTION 47

« Nous partîmes cinq cents ; mais par un prompt renfort
Nous nous vîmes trois mille en arrivant au port... »

Que signifie le mot « prompt » ?

- ❑ **A.** Conséquent.
- ❑ **B.** Empressé.
- ❑ **C.** Important.
- ❑ **D.** Opportun.

QUESTION 48

Alors que l'entreprise était dans une relative bonne santé financière ces deux dernières années,
elle se retrouve aujourd'hui dans la tourmente et dépose le bilan.

Que signifie l'expression « dépose le bilan » ?

- ❑ **A.** Délocaliser.
- ❑ **B.** Entreprendre.
- ❑ **C.** Faire faillite.
- ❑ **D.** Se développer.

QUESTION 49

Suite à une série de retards, cet employé a été mis... ///

☐ **A.** à pied
☐ **B.** au pied
☐ **C.** en pied
☐ **D.** sur pied

... pour une durée indéterminée.

QUESTION 50

Cette série documentaire en trois volets retrace un siècle d'histoire de la Chine en détaillant

son  vers le statut de superpuissance.

Quel est le mot manquant ? ///

☐ **A.** accession
☐ **B.** adhésion
☐ **C.** ascension
☐ **D.** aversion

Compréhension écrite

/////// **Niveau** **A1** //

QUESTION 51

Quelle information donne ce panneau ? //

- ☐ **A.** Un nom.
- ☑ **B.** Un tarif.
- ☐ **C.** Une adresse.
- ☐ **D.** Une heure.

> Visite du musée. Gratuit tous les dimanches.

QUESTION 52

Où est Alex ? //

- ☐ **A.** À l'école.
- ☐ **B.** À la maison.
- ☑ **C.** Au jardin.
- ☐ **D.** Avec sa mère

> Maman, je suis au parc avec le chien. J'ai fait mes devoirs avant de partir. Je rentre dans une heure. Alex

QUESTION 53

De : marie.p@orange.fr
A : juju2000@yahoo.com
Objet : Appel

Julien, appelle-moi avant 8 heures ce soir.
Bises. Marie.

Que demande Marie à Julien ? //

- ☐ **A.** D'écrire.
- ☐ **B.** De partir.
- ☑ **C.** De téléphoner.
- ☐ **D.** De venir.

 Niveau A2

QUESTION 54

De : david.junont@yahoo.com
A : tessa098@laposte.net
Objet : anniversaire

___

Tessa,
Je suis désolé, mais je ne peux pas venir à ta soirée d'anniversaire de samedi. Je dois partir à Bruxelles pour le travail. Merci pour ton invitation et à bientôt j'espère. David

Pourquoi David écrit–il à Tessa ?

☑ **A.** Pour annoncer son absence.
☐ **B.** Pour demander des conseils.
☐ **C.** Pour organiser une fête.
☐ **D.** Pour proposer une réunion.

QUESTION 55

Gagner des cadeaux !

Envie de gagner des centaines de cadeaux ?

Participez gratuitement à plus de 400 jeux et concours.
Inscrivez-vous sur notre site Internet et gagner des lots tous les mois.

Rejoignez nos autres joueurs, cliquez sur le lien suivant

www.lesitedesjeuxconcours.fr

Que propose ce site Internet ?

☐ **A.** De gagner beaucoup d'argent.
☑ **B.** De jouer à des jeux en ligne.
☐ **C.** De participer à un blog gratuit.
☐ **D.** De rencontrer des personnes.

QUESTION 56

> De : pauline.suard@entreprise.org
> A : marc.ferro@direction.hut.fr
> Objet : rendez-vous
>
> ---
>
> Monsieur,
> Je ne vais pas pouvoir être présent au rendez-vous de lundi soir. Je vous propose de nous rencontrer mardi 22 mars à 9 heures.
> Très cordialement,
> Pauline Suard

Que demande Madame Suard ?

- ❏ **A.** D'annuler le rendez-vous.
- ❏ **B.** De confirmer le rendez-vous.
- ❏ **C.** De prendre rendez-vous.
- ☑ **D.** De reporter le rendez-vous.

QUESTION 57

> ## Les Français aiment leurs animaux
>
> En France, plus d'une famille sur deux possède un animal de compagnie. Cette proportion place la France en tête des pays d'Europe des pays possesseurs d'animaux de compagnie. Chats, chiens, rongeurs, oiseaux… Le chien est le plus aimé (26,3 %), devant le chat (26 %) et loin devant les poissons ou les oiseaux.

Quel est l'animal préféré des Français ?

- ❏ **A.** L'oiseau.
- ❏ **B.** Le chat.
- ☑ **C.** Le chien.
- ❏ **D.** Le poisson.

QUESTION 58

> Salut,
> Je skie du matin au soir. Il ne fait pas très beau mais pas très froid non plus. Il a neigé hier soir.
> Tout va très bien. Je m'amuse comme un fou. J'espère que tu vas bien et que tout se passe bien pour toi à la plage.
> À bientôt,
> Carlos

Où Carlos passe-t-il ses vacances ?

- ❏ **A.** À la campagne.
- ❏ **B.** À la mer.
- ☑ **C.** À la montagne.
- ❏ **D.** En ville.

QUESTION 59

C'est parti pour la Foire de Paris. Durant 13 jours, jusqu'au 12 mai, on pourra se balader dans les 19 salons du Parc des expos. Les 3 400 exposants et marques sont répartis en trois univers : maison et environnement (pour refaire son intérieur du sol au plafond), cultures d'ailleurs (pour découvrir des produits exotiques et la gastronomie internationale) et bien-être et loisir (les salons forme et loisirs d'intérieur). La Foire de Paris accueille aussi S.O.A.P Projects, une exposition inédite autour du savon.

D'après un article paru dans le journal *À nous Paris*, pp. 6-7, http://fr.1001mags.com, 29 avril 2013.

Quelle est la caractéristique de la Foire de Paris ? //

- ❑ **A.** Elle expose des objets fabriqués en France.
- ☑ **B.** Elle présente une grande variété de produits.
- ❑ **C.** Elle rassemble un petit nombre de stands.
- ❑ **D.** Elle regroupe les arts du monde entier.

QUESTION 60

Paris, le Samedi 1er Juin

Madame,

J'ai l'honneur et la joie de vous informer de la naissance de mon enfant en date du 8 octobre.

Aussi je souhaiterais bénéficier de mes 3 jours de congés du 15 octobre au 18 octobre, conformément aux dispositions du Code du Travail relatif aux événements familiaux.

Dans l'attente de votre réponse, veuillez agréer, Madame, Monsieur, l'expression de mes salutations distinguées.

Monsieur Ribaud

Que fait M. Ribaud ? //

- ☑ **A.** Il annonce une naissance.
- ❑ **B.** Il cherche du travail.
- ❑ **C.** Il demande un repos.
- ❑ **D.** Il rappelle un événement.

QUESTION 61

Le portefeuille des Français, avec un budget vacances d'été en baisse de 12 % en 2013, ne les mènera pas loin de chez eux... L'été approche avec un objectif : quitter votre bureau et la triste météo. Deux petites semaines de congés cet été, c'est ce que prendront 65 % des Français employés à temps plein. 41 % estiment qu'ils passeront leurs vacances chez eux. Car, pour 19 % d'entre eux, les vacances représentent un luxe hors de portée. Pour mémoire, une enquête publiée en mai montre que le budget vacances des Français est en baisse de 142 euros sur un an (– 12 %).

D'après http://www.20minutes.fr, 6 juin 2013.

Que feront les Français cet été ?

☑ **A.** La majorité d'entre eux partira en vacances.
☐ **B.** La majorité d'entre eux restera à la maison.
☐ **C.** La moitié d'entre eux partira en vacances.
☐ **D.** La moitié d'entre eux restera à la maison.

QUESTION 62

Élisa Detrez, une jeune Française de 28 ans, vient de gagner un concours organisé par l'office de tourisme du Queensland, une région d'Australie. Le prix : être gardienne dans un parc naturel pendant 6 mois ! Ils étaient 45 000 candidats du monde entier à tenter leur chance. C'est Élisa qui a gagné ! Elle va devenir pour 6 mois, une *park ranger*, une gardienne de parc et toucher la somme de 100 000 euros. Cela semble magique, mais Élisa va aussi devoir travailler. Sa mission : vanter les mérites et la beauté du parc dont elle sera la gardienne. Elle va devoir raconter tout ce qu'elle vit sur un blog et sur les réseaux sociaux pour donner envie aux touristes de venir en Australie.

D'après http://www.geoado.com

Que devra faire Élisa ?

☐ **A.** Des expériences écologiques.
☑ **B.** La promotion d'une région.
☐ **C.** Des recherches sur Internet.
☐ **D.** Du tourisme en Australie.

QUESTION 63

Madame, Monsieur,

Je vous adresse ma candidature car je souhaite réaliser un stage dans votre journal à partir du 1ᵉʳ septembre. Je suis actuellement inscrite en deuxième année à l'école de formation des journalistes. Dans ce cadre, je dois effectuer pendant mes études, un stage de cinq semaines en entreprise.

Votre journal a attiré mon attention car les sujets qui y sont traités me plaisent, notamment ceux qui concernent les nouvelles technologies. De plus, je souhaiterais travailler dans la presse magazine grand public.

Je me tiens à votre entière disposition pour vous rencontrer et vous apporter toutes les informations complémentaires concernant mon expérience.

Dans l'attente de votre réponse, je vous prie d'agréer, Madame, Monsieur, l'expression de mes sentiments les meilleurs.

Marion FRADEL

Que demande Marion Fradel dans son courrier ?

- ❏ **A.** Un emploi permanent.
- ☑ **B.** Une formation pratique.
- ❏ **C.** Une inscription à l'école.
- ❏ **D.** Un travail de journaliste.

QUESTION 64

Avec une consommation moyenne de 2,3 kg par an, les Français aiment particulièrement le saumon fumé. Malheureusement, les conditions d'élevage de ces animaux sont de plus en plus industrielles. Les saumons sont nourris aux produits chimiques. Cette situation est dramatique en Norvège, le 1ᵉʳ producteur mondial de saumon. Le gouvernement norvégien a reconnu que son saumon d'élevage est dangereux pour la santé. Il a même recommandé son interdiction pour les enfants, les ados et les femmes enceintes ! Mieux vaut se reporter vers le saumon sauvage ou le saumon bio, même s'ils coûtent plus cher.

D'après http://www.geoado.com

D'après cet article, que conseille le gouvernement norvégien ?

- ☑ **A.** D'éviter de consommer du saumon d'élevage.
- ❏ **B.** D'arrêter de consommer du saumon fumé.
- ❏ **C.** De nourrir les saumons de manière naturelle.
- ❏ **D.** De réduire la consommation de saumon fumé.

QUESTION 65

Dans trois mois, les élections législatives vont avoir lieu. Des centaines de milliers de personnes ont profité de la *Gay Pride*, samedi 22 juin, pour dénoncer le refus du parti conservateur d'accorder la complète égalité de droits aux couples homosexuels. Les homosexuels peuvent se marier depuis l'année dernière mais ne peuvent toujours pas prétendre à l'adoption d'enfants. C'est une des nombreuses injustices que dénoncent les manifestants qui souhaitent faire pression sur le gouvernement.

D'après http://www.liberation.fr/monde, 22 juin 2013.

Que réclament les manifestants ?

- ☐ **A.** La démission du gouvernement.
- ☐ **B.** Le droit au mariage pour tous.
- ☒ **C.** Les mêmes droits pour tous.
- ☐ **D.** L'organisation d'élections.

Niveau B2

QUESTION 66

L'accès à l'université est libre pour tout diplômé de l'enseignement secondaire. Les candidats devront effectuer sur le site du ministère au maximum 12 vœux de licences. Pour la plupart d'entre elles, en particulier en-dehors de Paris, il n'y a aucune sélection et les candidats peuvent venir de régions différentes. En région parisienne, le nombre de candidats étant supérieur aux places offertes, vous devrez faire 6 vœux. Cette préconisation n'est pas à prendre à la légère. « Si vous ne faites pas six vœux, un algorithme fera passer votre candidature automatiquement après les autres », prévient Bernard Koehret, responsable du programme d'admission postbac. Ensuite, c'est l'administration qui affectera les candidatures par tirage au sort.

D'après http://www.letudiant.fr

Dans cet article, quel conseil est donné aux jeunes qui veulent faire des études à Paris ?

- ☐ **A.** Bien respecter les délais d'inscription à l'université.
- ☒ **B.** Respecter rigoureusement les procédures d'inscription.
- ☐ **C.** S'inscrire dans une université dans une autre région.
- ☐ **D.** S'inscrire dans bien plus d'universités qu'il est demandé.

QUESTION 67

La tradition daterait de la Renaissance et aurait été initiée par le roi Charles IX, qui, séduit par les jolies clochettes du muguet, en aurait offert quelques brins en guise de porte-bonheur à toutes les dames de la cour, la veille de son sacre, le 1ᵉʳ mai. Depuis, la fleur, synonyme de renouveau, se cueille par brassées en ce jour, toujours pour porter chance à celui qui la reçoit.

Cette année, elle a aussi été choisie par la maison Fragonard, qui lui a dédié toute une ligne éphémère d'objets, bougies et parfums, en l'associant à d'autres de félicité (trèfle à quatre feuilles, coccinelle…), que l'on appréciera tout particulièrement aujourd'hui.

À nous Paris, n°605, p. 48, 29 avril 2013.

Qu'apprend-t-on sur la tradition du muguet ?

- ❑ **A.** Elle a changé de signification avec le temps.
- ❑ **B.** Elle a été remplacée par une autre coutume.
- ❑ **C.** Elle est plus populaire de nos jours qu'avant.
- ☑ **D.** Elle trouve son origine dans l'Histoire de France.

QUESTION 68

Le cœur révolutionnaire développé par la société Carmat, qui mime l'organe naturel grâce à des capteurs et des microprocesseurs issus des technologies de pointe de l'aéronautique, va être implanté sur l'homme. Quatre centres hospitaliers basés en Slovénie, en Pologne, en Belgique et en Arabie saoudite ont donné leur autorisation. Quatre patients souffrant de problèmes cardiaques importants vont être greffés cet été et vingt autres suivront. Au-delà de l'immense espoir humain que cette innovation représente, Il s'agit d'une véritable prouesse technologique et scientifique.

D'après un article du journal *Investir, journal des finances*, 18 mai 2013.

Que présente cet article ?

- ❑ **A.** Un hôpital d'un nouveau genre.
- ❑ **B.** Un outil de diagnostic très précis.
- ☑ **C.** Un progrès médical important.
- ❑ **D.** Un projet informatique ambitieux.

QUESTION 69

Installé à l'entrée du Vieux Port, le musée des civilisations de l'Europe et de la Méditerranée (MuCEM) de Marseille, inauguré ce mardi, dévoile ses collections. Il remplace l'ancien Musée national des arts et traditions populaires (Mnatp) du bois de Boulogne, fermé en 2005. Il récupère ses collections, mais aussi une partie de celles du musée de l'Homme à Paris, augmentées de 20 000 objets acquis tout spécialement. Nouvelle étape dans la politique de décentralisation de la culture, il s'agit du « premier transfert d'une collection de musée depuis la capitale vers une grande ville de province » note Bruno Suzzarelli, directeur du MuCEM.

D'après un article du site lexpress.fr, http://www.lexpress.fr

Que nous apprend cet article sur le MuCEM ?

- ❑ **A.** Il a été construit dans une zone géographique où la culture était peu représentée.
- ❑ **B.** Il peut exister grâce à l'action commune de plusieurs pays de l'Union européenne.
- ☑ **C.** Il répond à une volonté de mieux répartir l'accès à la culture sur le territoire français.
- ❑ **D.** Il réunit des œuvres provenant de musées fermés ou peu visités par le grand public.

QUESTION 70

L'équipe de France a livré une partie méritante mais a dû s'incliner face aux All Blacks samedi dernier à New Plymouth. Pour cette dernière échéance d'une saison interminable, les Français ont vendu chèrement leur peau face aux champions du monde, une semaine après avoir été corrigés à Christchurch. Cette sortie avec les honneurs n'améliore cependant pas un bilan comptable famélique en 2013, à l'issue d'un Tournoi des six nations raté et d'une tournée infructueuse : six défaites, un match nul pour une victoire. Et l'horizon n'est guère dégagé pour les Bleus, qui accueilleront en novembre les All Blacks mais aussi l'Afrique du Sud. Entre-temps, les Bleus devront se régénérer physiquement et charge reviendra à l'encadrement de trouver des solutions dans le jeu, notamment l'animation offensive, en panne sèche avec un seul essai inscrit en trois matchs lors de cette tournée.

D'après un article du site lemonde.fr, 22 juin 2013
http://www.lemonde.fr

Quel message fait passer le journaliste sur l'avenir de l'équipe de France ?

- ❑ **A.** Il est anéanti.
- ❑ **B.** Il est assuré.
- ☑ **C.** Il est inquiétant.
- ☑ **D.** Il est prometteur.

QUESTION 71

Les trois quarts des Français sondés pour le journal *L'Expansion* sont d'accord : nos grandes marques de luxe sont les meilleurs ambassadeurs de la France à l'étranger. Mais nos belles griffes sont surtout la meilleure réponse à la délocalisation massive de nos emplois industriels. Quand les marques de chaussettes ou de jouets achètent pour quelques centimes des modèles fabriqués à l'étranger, nos maisons de luxe engrangent des milliers d'euros de marge sur les bijoux, parfums et sacs produits par des artisans français et vendus aux nouveaux milliardaires du monde entier. « C'est de la délocalisation à l'envers », aime à résumer Bernard Arnault, le PDG du Groupe LVMH.

D'après un article du site http://lexpansion.lexpress.fr, 1er décembre 2006, http://lexpansion.lexpress.fr

Quel message principal fait passer le journaliste ?

- ☐ **A.** L'industrie du luxe fait d'abord travailler des Français.
- ☑ **B.** Le luxe est l'industrie française la plus rentable de toutes. *est*
- ☐ **C.** Le luxe est la meilleure des industries françaises.
- ☐ **D.** Le luxe représente le vrai savoir-faire à la française.

QUESTION 72

La qualité du français utilisé dans les médias québécois est acceptable, mais perfectible. « L'avenir du français dans l'information est plutôt rassurant. Au fil des ans, les secteurs de la presse écrite et de l'information radio et télévision ont été moins touchés par les excès de familiarité ou la dégradation relative de certains aspects de la langue », écrit Guy Bertrand, conseiller linguistique à Radio-Canada. « Les bafouillages, les lapsus, les tournures lourdes ou un peu maladroites sans gravité sont excusables dans une émission ou l'improvisation tient une place importante », dit-il. Dans la plupart des médias, « la simplicité, la convivialité et, dans une certaine mesure, la familiarité sont des qualités médiatiques

D'après un article de Norman Delisle, http://www.ledevoir.com

Qu'affirme le conseiller linguistique de Radio-Canada ?

- ☐ **A.** Les journalistes devraient davantage improviser et rendre leur français moins familier.
- ☐ **B.** Les journalistes devraient rendre leur français moins convivial et surtout plus simple.
- ☐ **C.** Les journalistes parlent un français soutenu et beaucoup plus convenable qu'avant.
- ☑ **D.** Les journalistes peuvent, de manière raisonnable, se permettre certaines familiarités.

QUESTION 73

« Ne pas toucher. » Lorsqu'une jeune femme, aveugle, a effleuré cette inscription en braille sur le mur de l'église Sainte-Croix de Nantes, elle a éclaté de rire. Après traduction, ces amis voyants ont aussi cédé devant l'ironie de l'auteur de ce graffiti : *The Blind* (« l'aveugle »), un artiste de 30 ans qui porte des lunettes mais voit plutôt clair. *The Blind* n'est que l'un de ses pseudonymes, celui qu'il utilise sur le site Internet qu'il a consacré à ses « graffitis pour aveugle ». Équipé d'un pochoir, d'un pistolet à colle et de petites boules de plâtre qu'il moule au préalable (pour le relief du braille), il sévit à Nantes ainsi qu'aux quatre coins de l'Europe, au gré de ses différents voyages.

D'après un article du journal *Le Monde* du vendredi 17 mai 2013.

Quelle est la particularité de cet artiste ?

- ❏ **A.** Il a élaboré une technique picturale innovante fondée sur l'utilisation d'outils.
- ❏ **B.** Il a réussi à se faire un nom dans le monde de l'art malgré son infirmité.
- ☑ **C.** Il crée des œuvres qui peuvent être appréciées des personnes handicapées.
- ❏ **D.** Il est reconnu pour son œuvre qui mélange les styles religieux et contemporain.

QUESTION 74

Monde de l'éducation et logiciel libre sont faits pour s'entendre. Mieux encore : ils sont faits l'un pour l'autre. L'un cherche à diffuser la connaissance au plus grand nombre de citoyens possibles ; l'autre fait tomber les barrières techniques et juridiques qui contraignent la circulation des données. Ne devraient-ils pas se marier et avoir plein de petits enfants aussi bien connectés qu'éduqués ? C'est ce que s'évertue à argumenter l'April, l'Association de promotion et défense du logiciel libre, depuis sa création en 1996. Mais le ministère de l'Éducation nationale ne semble toujours pas convaincu, et vient d'effacer la notion de « priorité » donnée aux logiciels libres et aux formats ouverts dans le projet de loi de « refondation de l'école de la République ».

D'après un article paru dans écrans.fr, un site de libération.fr, 6 juin 2013, http://www.ecrans.fr

Selon l'Association April, quel serait le principal atout des logiciels libres ?

- ❏ **A.** Ils correspondraient davantage au cadre légal établi par le gouvernement.
- ☑ **B.** Ils faciliteraient l'entrée du numérique dans les établissements scolaires.
- ❏ **C.** Ils favoriseraient l'apprentissage à grande échelle des écoliers français.
- ❏ **D.** Ils permettraient de contrôler la diffusion des informations personnelles.

Le débat sur le gaz de schiste

Le sous-sol de plusieurs régions du Québec recèle du gaz de schiste argileux, une forme de gaz naturel qu'on commence à peine à savoir exploiter. Plusieurs entreprises ont obtenu des permis d'exploration tout le long de la vallée du Saint-Laurent, un territoire où se trouve la majorité des exploitations agricoles du Québec. L'industrie parle de milliers d'emplois potentiels, le gouvernement parle d'autosuffisance en gaz naturel, mais des citoyens, dont plusieurs regroupés au sein de groupes de pression, s'inquiètent des conséquences environnementales de cette exploitation.

Dans son dernier rapport, le Bureau d'audiences publiques sur l'environnement (BAPE) recommandait notamment un encadrement plus strict de l'industrie du gaz de schiste. Le Québec a décidé de suspendre tout projet de fracturation hydraulique, la technique d'extraction du gaz de schiste, sauf à des fins scientifiques, et ce, en attendant le rapport d'un comité d'experts.

Extrait du site radio-canda.ca, 12 août 2013,
http://www.radio-canada.ca

Pour quelle raison le gaz de schiste fait-il débat au Québec ?

- ❑ **A.** Il menace de destruction les terres cultivables de la province.
- ☑ **B.** L'impact écologique de son exploitation est encore méconnu.
- ❑ **C.** Les bénéfices liés à cette source d'énergie sont insuffisants.
- ❑ **D.** Son utilisation a été autorisée sans consultation préalable.

Qui peut nier qu'aujourd'hui, disposer de moyens de paiement, quel que soit le niveau de revenus perçus, relève de la plus élémentaire des nécessités sociales ? Mais cette nécessité a-t-elle pour autant été érigée en droit ? Dans notre société, c'est aux établissements bancaires en situation de monopole sur les moyens de paiement qu'il appartient partout d'en décider. Leur pouvoir discriminatoire consiste purement et simplement à sélectionner ceux qui méritent de détenir un compte, assorti des services les plus courants. Cette situation d'exclusion, aussi bien éphémère que durable, conjoncturelle que chronique, n'est pas le lot des marginaux que l'on croit. Elle traverse toutes les catégories socioprofessionnelles, touchant des personnes de tous les âges, de tous les revenus.

http://www.alain-bazot.fr, 4 août 2005.

Que dénonce principalement l'auteur de cet article ?

- ☑ **A.** La décision arbitraire des banques de donner accès ou non à leurs services à certaines personnes.
- ❑ **B.** La décision des banques d'exclure systématiquement les plus démunis des moyens de paiement courants.
- ❑ **C.** La durée arbitraire de l'exclusion bancaire décidée par les banques à l'encontre de leurs clients.
- ❑ **D.** La dépendance des banques à la conjoncture économique générale qui les empêche d'agir librement.

QUESTION 77

Face à l'anglais, conquérant, l'avenir du français se joue d'abord au sein des institutions européennes.

Tous les spécialistes s'accordent sur le fait que l'avenir du français se joue maintenant à Bruxelles. Leur raisonnement : si la langue française entend rester crédible vis-à-vis du reste du monde, elle doit démontrer sa capacité à se maintenir dans le fief traditionnel que constituent, pour elle, les institutions européennes. « Sinon, comment pourrions-nous être encore pris au sérieux au Vietnam ou au fin fond de la Moldavie ? » s'interroge un diplomate. Or, c'est certain, depuis l'élargissement de l'Union et l'entrée en force des pays d'Europe centrale, la langue de Jacques Brel est de plus en plus menacée. Sur les 25 000 fonctionnaires des 10 nouveaux États membres, la moitié est anglophone, un quart germanophone et seulement 16 % francophones. De plus, si dans les grandes réunions les traductions simultanées sont toujours assurées par des interprètes, elles n'ont souvent plus cours, faute de crédit […] dans les groupes de travail de moindre importance. Là, l'anglais s'impose par commodité. […]

Extrait du site lexpress.fr, 22 novembre 2004, http://www.lexpress.fr

D'après l'auteur de cet article, qu'est-il urgent de faire ?

- ☐ **A.** Combattre à tout prix la prédominance de l'anglais.
- ☑ **B.** Conserver à la langue française son caractère international.
- ☐ **C.** Faire du français la seule langue officielle des institutions.
- ☐ **D.** Redonner à la langue française son prestige perdu.

QUESTION 78

Le portable est-il vraiment dangereux ?

Encore un comité d'experts sur la dangerosité présumée du portable, encore une conclusion en demi-teinte – en substance, rien n'est prouvé mais il y a bien un risque. La nouveauté, c'est que c'est cette fois l'Organisation mondiale de la santé (OMS) qui le dit.

Durant une semaine, une trentaine d'experts de plusieurs pays réunis sous l'égide de l'OMS, ont remis à plat les dizaines d'études existantes sur le sujet. Résultat : « les preuves, qui continuent à s'accumuler, sont assez fortes pour justifier » de relever l'usage du téléphone portable à la classification 2B, sur une échelle de 4. La classification 1 correspond à un risque établi (tabac, l'alcool, certains composés métalliques et chimiques), la 2A à un risque probable, la 2B à un risque possible (on y trouve entre autres les vapeurs d'essence, une certaine sorte de talc ou… le café). Le risque retenu pour les champs électromagnétiques de radio-fréquence (les ondes des portables) est celui du gliome, une tumeur du cerveau. Les experts ne sont pas allés jusqu'à le quantifier, mais soulignent que l'une des études prise en compte évoque un surrisque de 40 % pour un usage de 30 minutes par jour durant dix ans. Seulement voilà, depuis, la technologie des téléphones a évolué, tout comme les usages. En gros, on téléphone plus, mais avec des appareils moins émetteurs. D'où la difficulté d'obtenir des résultats épidémiologiques à la fois poussés, donc réalisés sur le long terme, et valables pour les usages et technologies actuels.

D'après un article paru dans liberation.fr, 1er juin 2011, http://www.liberation.fr

Pourquoi la nocivité des téléphones portables est-elle difficile à établir de manière précise ?

- ☑ **A.** L'évolution constante des appareils complique la tâche.
- ☐ **B.** La recherche dans ce domaine est encore peu développée.
- ☐ **C.** Les expériences à conduire sont elles-mêmes néfastes.
- ☐ **D.** Les nombreux rapports scientifiques sont contadictoires.

QUESTION 79

La notion de « préjudice écologique » s'apprête à entrer dans le code civil

C'est une question qui lui tenait à cœur. Bruno Retailleau, sénateur et président du Conseil général de Vendée, bataille depuis des années pour inscrire dans la loi un « préjudice écologique » et a le sentiment d'être enfin parvenu « à ouvrir la voie ». Le Sénat devrait adopter sans difficulté, ce jeudi 16 mai, sa proposition de loi qui vise à inscrire les atteintes à l'environnement dans le code civil. De son côté, la chancellerie a installé, le 24 avril, un groupe d'experts qui doit rendre un rapport technique sur le sujet le 15 septembre. Il permettra, après le vote du Sénat, de présenter un texte juridiquement très solide à l'Assemblée nationale. Compte tenu de l'encombrement du calendrier parlementaire, il est exclu que le préjudice écologique entre dans la loi avant 2014, mais les premières pierres sont désormais posées.

D'après un article paru dans le journal *Le Monde* du 17 mai 2013.

Que nous apprend le journaliste sur ce projet de loi ?

- ☐ **A.** Il sera voté à condition que le rapport des spécialistes le valide.
- ☐ **B.** Il a peu de chance d'être accepté par les dirigeants en place.
- ☑ **C.** Il a déjà reçu l'aval des instances politiques qui doivent le voter.
- ☐ **D.** Il sera étudié quand l'agenda du gouvernement le permettra.

QUESTION 80

Entre-temps, Hussein recevait régulièrement des nouvelles de sa famille, grâce aux lettres de Hassanein qui lui faisait un récit détaillé de tout et lui donnait l'impression de continuer à vivre avec eux, de partager leurs sentiments à tous. Hassanein lui disait également dans sa lettre que leur mère avait décidé de consacrer exclusivement aux achats de vêtements la somme qu'il leur envoyait, et qu'il en avait lui-même bénéficié, sous la forme d'une nouvelle veste qu'il portait sur son vieux pantalon ; qu'elle s'était elle-même acheté une robe de chambre qu'elle mettait par-dessus ses robes légères et qui lui donnait chaud, de telle sorte qu'elle n'avait plus besoin de vêtements de laine. Le résultat de cette décision, c'est qu'ils n'avaient pu améliorer la qualité de leur nourriture, qui était toujours aussi déplorable. Il lui parlait aussi de Nafissa, lui disant que ses commandes lui rapportaient un peu plus d'argent, que leur mère ne faisait plus main basse sur tous ses revenus, ou presque, comme avant, et qu'elle pouvait à présent s'acheter des vêtements qui lui permettaient d'être présentable devant les gens.

Naguib Mahfouz, *Vienne la nuit,*
© Éditions Denoël, 1996 pour la version française.

D'après les informations contenues dans cet extrait littéraire, que peut-on affirmer sur la famille d'Hussein ?

- ☑ **A.** Il s'agit d'une famille de condition modeste.
- ☐ **B.** La situation financière de sa famille est correcte.
- ☐ **C.** Sa famille a de grosses rentrées d'argent.
- ☐ **D.** Sa famille ne connaît plus de problèmes financiers.

Imprimé en France en 2021, par l'Imprimerie Clerc
N° de projet : 10279959
Dépôt légal : mai 2018